मन
के
चमत्कार

मन के चमत्कार

डॉ. जोसेफ़ मर्फ़ी

अनुवाद : डॉ. सुधीर दीक्षित

मंजुल पब्लिशिंग हाउस

MANJUL

मंजुल पब्लिशिंग हाउस

कॉर्पोरेट एवं संपादकीय कार्यालय

• द्वितीय तल, उषा प्रीत कॉम्प्लेक्स, 42 मालवीय नगर, भोपाल–462 003
विक्रय एवं विपणन कार्यालय

• सी-16, सेक्टर 3, नोएडा, उत्तर प्रदेश - 201301, इंडिया
वेबसाइट : www.manjulindia.com

वितरण केन्द्र
अहमदाबाद, बेंगलुरू, भोपाल, कोलकाता, चेन्नई,
हैदराबाद, मुम्बई, नई दिल्ली, पुणे

डॉ. जोसेफ़ मर्फ़ी द्वारा लिखित मूल अंग्रेजी पुस्तक
मिरेकल्स ऑफ योर माइंड का हिन्दी अनुवाद

यह हिन्दी संस्करण 2015 में पहली बार प्रकाशित
चतुर्थ आवृत्ति 2018

कॉपीराइट © जे.एम.डब्ल्यू. ग्रुप, इन्कारपोरेटिड, न्यू यॉर्क
यह संस्करण जोसेफ़ मर्फ़ी ट्रस्ट द्वारा अधिकृत

ISBN   978-81-8322-599-1

हिन्दी अनुवाद : डॉ. सुधीर दीक्षित

मुद्रण व जिल्दसाज़ी : रेप्रो इंडिया लिमिटेड

विषय-सूची

आपका मन कैसे काम करता है

इंसान का मन तो एक होता है, लेकिन इसके दो अलग-अलग पहलू या काम होते हैं। हर पहलू की पहचान इसके लक्षण से होती है, जो अपने आप में अनूठा होता है। दोनों में से प्रत्येक मन स्वतंत्र रूप से काम करने में सक्षम होता है और मिलकर काम करने में भी। एक मन को हम वस्तुपरक मन कहते हैं, क्योंकि यह बाहरी चीज़ों से सरोकार रखता है। दूसरे को हम व्यक्तिपरक मन कहते हैं। व्यक्तिपरक मन सहज अनुगामी होता है और वस्तुपरक या चेतन मन के सुझावों से नियंत्रित होता है। वस्तुपरक मन वस्तुपरक संसार की पूरी जानकारी लेता है।

पाँच शारीरिक इंद्रियाँ वस्तुपरक मन के अवलोकन के साधन हैं। यह परिवेश के साथ हमारे संपर्क में हमारा मार्गदर्शक होता है। हम इन पाँच इंद्रियों से ज्ञान हासिल करते हैं। वस्तुपरक मन अवलोकन, अनुभव और शिक्षा से सीखता है। चेतन मन का सबसे

बड़ा कार्य तर्क-वितर्क का होता है।

लॉस एंजेलिस में चारों ओर देखें; पार्क, इमारतें, सुंदर भवन, फूलों के प्यारे बाग आदि देखकर आप इस नतीजे पर पहुँचते हैं कि यह एक सुंदर शहर है। यह आपके चेतन या वस्तुपरक मन का कार्य है।

वस्तुपरक शब्द का अर्थ है कि यह वस्तुओं से सरोकार रखता है। दूसरी ओर, व्यक्तिपरक मन पाँच शारीरिक इंद्रियों से स्वतंत्र साधनों द्वारा अपने परिवेश की जानकारी रखता है। व्यक्तिपरक मन या अवचेतन मन – दोनों में से किसी भी शब्दावली का इस्तेमाल किया जा सकता है – अंतर्ज्ञान से समझता है। अवचेतन मन आपकी भावनाओं का स्थान है। हम बिना किसी शक के जानते हैं कि यह अपने सबसे आवश्यक काम तब करता है, जब वस्तुपरक इंद्रियाँ सुषुप्तावस्था में या शिथिल हों।

यह बुद्धि खुद को तब प्रकट करती है, जब चेतन मन सोया हो या उनींदी, ऊँघती अवस्था में हो। अवचेतन मन आँखों का इस्तेमाल किए बिना देखता है। इसमें अतींद्रिय दृष्टि और अतींद्रिय श्रवण क्षमता होती है। अवचेतन मन शरीर को छोड़ सकता है, दूर देशों की यात्रा कर सकता है और अक्सर बहुत सटीक तथा सच्चे किस्म की जानकारी लेकर लौट सकता है। अवचेतन मन के ज़रिये आप दूसरों के सूक्ष्म विचार पढ़ सकते हैं। यही नहीं, आप बंद लिफ़ाफ़ों और बंद तिजोरियों के विवरणों को भी जान सकते हैं।

अवचेतन मन में संचार के सामान्य, वस्तुपरक साधनों का उपयोग किए बिना दूसरों के विचार समझने की योग्यता होती है। इसलिए यह बहुत महत्त्वपूर्ण है कि प्रार्थना की सच्ची कला सीखने के लिए हम चेतन और अवचेतन मन की अंतर्क्रिया को समझ लें।

चेतन और अवचेतन मन के वर्णन में कई शब्दावलियों का उपयोग किया जाता है। उन्हें कहा जाता है : चेतन या अवचेतन मन, जाग्रत या सुषुप्त मन, सतही या गहरा स्वरूप, स्वैच्छिक या स्वचालित मन, पुरुष और नारी मन या ऐसी ही कई अन्य शब्दावलियाँ। याद रखें, केवल एक ही मन होता है, जिसके दो पहलू या कार्य हैं।

व्यक्तिपरक मन हमेशा सुझाव से प्रेरित होता है; इसे सुझाव से नियंत्रित किया जाता है। हमें यह पहचानना चाहिए कि अवचेतन मन सारे सुझावों को स्वीकार करता है; यह आपके साथ कोई तर्क नहीं करता है, लेकिन आपकी इच्छाएँ पूरी करता है। आपके साथ जो कुछ हुआ है, वह सब उन विचारों की वजह से हुआ है, जिनकी छाप आपने अपने विश्वास द्वारा अवचेतन मन पर छोड़ी है। अवचेतन मन आपके विश्वासों और दृढ़ निश्चयों को बिना कुछ बोले स्वीकार करता है।

यह मिट्टी की तरह होता है। आप इसमें जो भी बीज डालेंगे, यह उसे स्वीकार कर लेगा, चाहे बीज अच्छा हो या बुरा। याद रखें : आप जिस भी चीज़ को सच मानते हैं और जिसमें विश्वास करते हैं, उसे आपका अवचेतन मन स्वीकार कर लेगा और किसी परिस्थिति, अनुभव या घटना के रूप में आपके जीवन में ले आएगा। विचार भावना के ज़रिये अवचेतन मन तक पहुँचाए जाते हैं।

एक उदाहरण का इस्तेमाल करके देखते हैं। चेतन मन किसी जहाज़ के ब्रिज पर खड़े कप्तान या मार्गदर्शक जैसा होता है। वह जहाज़ की दिशा तय करता है और इंजन रूम में काम कर रहे कर्मचारियों को आदेश देता है, जिसमें सभी बॉइलर, उपकरण, गॉज आदि हैं। इंजन रूम के लोग नहीं जानते कि वे कहाँ जा रहे हैं : वे तो बस आदेश का पालन करते हैं। वे चट्टानों में भिड़ जाएँगे,

यदि ब्रिज पर खड़ा कप्तान ग़लत या दोषपूर्ण आदेश जारी कर दे, जो कम्पास, सेक्सटेंट या अन्य उपकरणों के अवलोकन पर आधारित होते हैं। इंजन रूम के कर्मचारी उसका आदेश इसलिए मानते हैं, क्योंकि कप्तान वही है। वे कप्तान से पलटकर सवाल नहीं करते हैं; वे तो बस चुपचाप उसके आदेशों का पालन करते हैं।

कप्तान जहाज़ का मालिक होता है; उसके आदेशों का पालन होता है; इसी तरह, आपका चेतन मन आपके जहाज़ का कप्तान है, मालिक है। आपका शरीर और आपके जीवन की सारी परिस्थितियाँ जहाज़ का प्रतीक हैं। आपका अवचेतन मन आपके दिए आदेशों को ग्रहण करता है, जो आपके विश्वासों और सच माने गए सुझावों पर आधारित होते हैं।

एक और सरल उदाहरण यह है : जब आप बार-बार लोगों से कहते हैं, "मुझे मशरूम पसंद नहीं हैं," तो मशरूम खाते ही आपको अपच हो जाता है, क्योंकि आपका अवचेतन मन कहता है, "बॉस को मशरूम पसंद नहीं हैं।" यह उदाहरण शायद आपको मज़ेदार लग रहा होगा, लेकिन यह चेतन और अवचेतन मन के आपसी संबंध का एक उदाहरण है।

जब कोई महिला कहती है, "अगर मैं रात को कॉफ़ी पी लूँ, तो मैं 3 बजे जाग जाती हूँ," तो रात को कॉफ़ी पीने के बाद उसका अवचेतन मन उसे कोहनी मारता है, मानो कह रहा हो, "बॉस चाहते हैं कि आप आज रात जागी रहें।"

प्राचीन नीति कथाओं में हृदय को अवचेतन मन कहा गया है। मिस्र के लोग जानते थे कि हृदय अवचेतन मन है, लेकिन उन्होंने उसे इस नाम से नहीं पुकारा। प्राचीन चैल्डिया और बैबिलॉन के लोगों ने इसे अलग-अलग नामों से पुकारा। आप अपने अवचेतन

मन पर छाप छोड़ सकते हैं और अवचेतन मन उस छाप को संसार में प्रकट कर देता है। जिस भी विचार में भावना भर दी जाती है या जिस भी विचार को सच के रूप में महसूस किया जाता है, उसे आपका अवचेतन मन स्वीकार कर लेता है।

मिसाल के तौर पर, यदि आप उपचार चाहते हैं, तो शांत हो जाएँ, तनावरहित हो जाएँ, आराम से साँस लें, अपने ध्यान को गतिहीन कर लें, अपने अवचेतन मन में उपचार की शक्ति के बारे में सोचें और दृढ़तापूर्वक कहें कि आपके शरीर के अंग का इसी समय उपचार हो रहा है। ऐसा करते वक़्त आपके हृदय में कोई द्वेष या कटुता नहीं रहनी चाहिए; आपको हर एक को क्षमा कर देना चाहिए। आप इस उपचार प्रक्रिया को दिन में तीन-चार बार दोहरा सकते हैं। याद रखें, आपके अवचेतन मन ने शरीर को बनाया था, इसलिए यह उसका उपचार भी कर सकता है। होता यह है कि लोग अपने शरीर के किसी अंग या हिस्से का उपचार दृढ़ कथनों से करते हैं, लेकिन फिर 10-15 मिनट बाद कहते हैं, "ओह, मेरी हालत तो ज़्यादा ख़राब होती जा रही है; मैं कभी ठीक नहीं हो पाऊँगा। मैं लाइलाज हूँ।" यह मानसिक नज़रिया या नकारात्मक कथन पिछले, सकारात्मक दृढ़ कथन को ख़ारिज कर देते हैं।

यदि कोई सर्जन ऑपरेशन करके आपका अपेन्डिक्स निकाल दे और कुछ मिनट बाद दोबारा चीरकर देखे कि आपकी हालत कैसी है, फिर आधा घंटे बाद दोबारा दौड़कर आए और चीरकर देखे तथा ऐसा बार-बार करे, तो शायद उसकी इन हरकतों से आपके शरीर में ज़हर फैल जाएगा और आपकी जान चली जाएगी। इसी तरह, नकारात्मक कथनों का इस्तेमाल करके आप अपने उपचार को रोक या मार देते हैं।

आपके भीतर एक अवचेतन मन है। आपको इसका इस्तेमाल कैसे करना है, यह आपको उसी तरह सीखना चाहिए, जिस तरह कोई बिजली का इस्तेमाल करना सीखता है। इंसान तारों, स्विच और बल्ब के साथ बिजली को नियंत्रित करते हैं, साथ ही चालकता और रोधन के नियमों के ज्ञान से भी। हमें अपने भीतर की ज़बर्दस्त शक्ति और बुद्धिमत्ता के बारे में ज्ञान हासिल करना चाहिए। फिर हमें इसका समझदारी से इस्तेमाल करना भी सीखना चाहिए।

कई लोगों को अब अवचेतन मन के सच्चे महत्त्व का अहसास होने लगा है। कई लोग व्यवसाय में सफलता व तरक्की हासिल करने के लिए इसका इस्तेमाल कर रहे हैं। एडिसन, फ़ोर्ड, मार्कोनी, आइंस्टाइन और कई अन्य लोगों ने अवचेतन मन का उपयोग किया है। इसने उन्हें विज्ञान, उद्योग और कला में उनकी महान उपलब्धियों तक पहुँचने के लिए आवश्यक अंतर्दृष्टि व ज्ञान प्रदान किया। शोध से पता चलता है कि अवचेतन शक्तियों का दोहन करने की योग्यता से ही सारे महान वैज्ञानिक और शोधकर्ता सफल हुए। आपके भीतर एक ज़बर्दस्त डायनैमो है और आप इसका इस्तेमाल कर सकते हैं। आप तनाव और कुंठा से भी पूरी तरह मुक्त हो सकते हैं। आप अपने भीतर की प्रचुर ऊर्जा का पता लगा सकते हैं, जिससे आपको अपने शरीर के सभी हिस्सों को ऊर्जावान और जीवंत बनाने की सामर्थ्य मिलेगी।

मिसाल के तौर पर, लेखक ऐल्बर्ट हबार्ड ने घोषित किया था कि उनके सबसे महत्त्वपूर्ण विचार उनके मन में तभी आए, जब वे तनावरहित थे, बगीचे में काम कर रहे थे या टहल रहे थे। इसका कारण यह था कि जब अवचेतन मन तनावरहित होता है, तो व्यक्तिपरक बुद्धिमत्ता सतह पर आ जाती है। जब चेतन मन पूरी तरह तनावरहित होता है, तो अक्सर प्रेरणा के प्रवाह ऊपर की तरफ़ आते हैं।

कई रातों को आपने देखा होगा कि आप इस बात पर चकरा रहे होंगे कि किसी ख़ास समस्या का जवाब क्या है और जब आपने अवचेतन मन से जवाब का आग्रह किया, तो इसने सुबह आपको समाधान बता दिया। यही "रात सलाह देती है" वाली पुरानी कहावत का मतलब है। अगर आप सुबह 7 बजे जागना चाहते हैं और आप अवचेतन मन को 7 बजे जगाने का सुझाव देते हैं, तो अवचेतन मन आपको ठीक 7 बजे जगा देगा।

यह उदाहरण भी देखें। कोई माँ किसी बीमार बच्चे की देखभाल करती है और उसे नींद आ जाती है, लेकिन सोने से पहले वह अवचेतन मन को सुझाव देती है कि अगर बच्चे का बुखार बढ़े या उसे दवा की ज़रूरत पड़े या जब वह रोए, तो वह जाग जाए। माँ के सोते समय बादल गरजें, तो गरजते रहें, लेकिन वह तूफ़ान की आवाज़ों से नहीं जागती है। लेकिन बच्चे के रोते ही वह तुरंत जाग जाती है। यह अवचेतन मन का एक सरल कार्य है।

अवचेतन मन और स्वास्थ्य

वर्तमान युग में मानसिक चिकित्सा शास्त्र के विषय में पूरे संसार में व्यापक रुचि जाग रही है। लोग धीरे-धीरे अपने अवचेतन मन में वास कर रही उपचारक शक्तियों के बारे में जाग्रत हो रहे हैं। यह एक सुपरिचित तथ्य है कि उपचार की सभी अलग-अलग पद्धतियाँ सबसे अद्भुत किस्म का इलाज करती हैं। इन सभी का जवाब यह है कि एक ही शाश्वत उपचारक सिद्धांत है : अवचेतन मन; एक ही उपचार प्रक्रिया है : आस्था। इसीलिए पैरासेल्सस ने इस महान सच्चाई को व्यक्त किया था : "आपकी आस्था का विषय चाहे सच्चा हो या झूठा, परिणाम वही मिलेंगे।"

यह एक स्थापित तथ्य है कि जापान, भारत, यूरोप और अमेरिका आदि संसार भर के विभिन्न धर्मस्थलों पर लोगों की बीमारियों के उपचार हुए हैं। आपको कई अलग-अलग सिद्धांत मिलेंगे, जिनमें से प्रत्येक उपचार के असंदिग्ध प्रमाण पेश करेगा। ज़ाहिर है, सोचने वाले को लगेगा कि इन सभी में कोई आम निहित सिद्धांत होना चाहिए। भौगोलिक स्थिति चाहे जो हो या चाहे जिन साधनों का उपयोग किया गया हो, केवल एक ही उपचारक सिद्धांत है और हर

उपचार की प्रक्रिया आस्था है।

सबसे पहले तो आपको अपने मस्तिष्क की द्वैत प्रकृति को याद रखना चाहिए। अवचेतन मन लगातार सुझाव की शक्ति का सहज अनुगामी है। यही नहीं, अवचेतन मन के पास आपके शरीर के कार्यों, परिस्थितियों और अनुभूतियों का पूरा नियंत्रण होता है।

मुझे यक़ीन है कि इस पुस्तक के सभी पाठक इस तथ्य से परिचित हैं कि सम्मोहन की अवस्था में सुझाव द्वारा लगभग किसी भी रोग के लक्षणों को व्यक्ति में प्रेरित किया जा सकता है।

मिसाल के तौर पर, दिए गए सुझाव की प्रकृति के अनुसार सम्मोहक अवस्था में उस व्यक्ति को बुखार हो सकता है, चेहरा लाल पड़ सकता है या ठंड लग सकती है। बतौर प्रयोग आप उस व्यक्ति को सुझाव दे सकते हैं कि वे अपाहिज हैं और चल नहीं सकते; ऐसा ही होगा। शरीर के किसी भी हिस्से में दर्द को प्रेरित किया जा सकता है। उदाहरण के लिए, आप सम्मोहित व्यक्ति की नाक के नीचे ठंडे पानी का कप रखकर कहें, "यह मिर्च से भरा है; इसकी खुशबू लो!" क्या होगा? वह छींकने लगेगा। आप क्या सोचते हैं, उसके छींकने का कारण क्या था, पानी या सुझाव?

यदि कोई व्यक्ति कहता है कि उसे टिमोथी ग्रास से एलर्जी है, तो आप सम्मोहित अवस्था में उसकी नाक के सामने एक ख़ाली गिलास या नकली फूल रखकर उसे बता दें कि यह टिमोथी ग्रास है; वह तुरंत एलर्जी के लक्षण प्रकट करने लगेगा। इससे निष्कर्ष निकलता है कि रोग का कारण मन में होता है; उपचार की प्रक्रिया भी मन में ही घटित हो सकती है।

हमें अहसास है कि अस्थि चिकित्सा, काइरोप्रैक्टिक चिकित्सा पद्धति, ऐलोपैथी और प्राकृतिक चिकित्सा तथा विभिन्न चर्चों के ज़रिये

उल्लेखनीय उपचार होता है, लेकिन हम मानते हैं कि ये सभी उपचार अवचेतन मन द्वारा ही किए गए थे - वही एकमात्र उपचारक है।

ग़ौर करें कि यह दाढ़ी बनाते समय लगे चेहरे के घाव को भर देता है; यह सटीकता से जानता है कि इस काम को कैसे करना है। डॉक्टर घाव की पट्टी करता है; वह कहता है, "प्रकृति इसे भरती है।" प्रकृति का मतलब है प्राकृतिक नियम, अवचेतन मन या आत्मरक्षा का नियम, जो अवचेतन मन का कार्य है। आत्मरक्षा का भाव प्रकृति का पहला नियम है; आपका सबसे प्रबल भाव सभी आत्म-सुझावों में सबसे शक्तिशाली होता है।

आपने अभी-अभी सीखा है कि आप प्राकृतिक प्रवृत्तियों की अवहेलना करते हुए सुझाव द्वारा किसी दूसरे या अपने ख़ुद के शरीर में रोग जगा सकते हैं। यह पूरी तरह स्वाभाविक और स्पष्ट है कि प्राकृतिक प्रवृत्तियों के अनुरूप दिए गए सुझावों में ज़्यादा शक्ति होगी।

स्वास्थ्य को बनाए रखना और दोबारा स्थापित करना शरीर में बीमारी लाने से कहीं ज़्यादा आसान होता है। जो आस्था उपचार को संभव बनाती है, वह एक निश्चित मानसिक नज़रिया है, सोचने का एक तरीक़ा है, एक आंतरिक निश्चितता है, सर्वश्रेष्ठ की अपेक्षा है।

ज़ाहिर है, शरीर के उपचार में चेतन और अवचेतन मन दोनों की साझी आस्था वांछित है। लेकिन यह अनिवार्य नहीं है, बशर्ते इंसान मन और शरीर को शिथिल करके, उनींदी स्थिति में पहुँचकर निष्क्रियता तथा ग्रहणशीलता की अवस्था में दाख़िल हो जाए। मैं ऐसे लोगों को जानता हूँ, जो पदार्थ और शरीर के अस्तित्व में विश्वास नहीं करते, उन्हें माया मानते हैं, लेकिन फिर भी उन्हें उल्लेखनीय उपचार प्राप्त हुए। मैं अन्य लोगों को भी जानता हूँ, जिन्होंने कहा था कि संसार असली है, पदार्थ असली है और उनके शरीर असली

हैं; उन्हें भी इसी तरह के अद्भुत उपचार प्राप्त हुए।

मुद्दे की बात यह है कि मस्तिष्क में बदलाव लाने या नया मानसिक माहौल बनाने के लिए आप किसी भी विधि, तकनीक या प्रक्रिया का इस्तेमाल कर सकते हैं। यह वैध है, परिणाम अपने आप मिलेंगे। उपचार परिवर्तित मानसिक दृष्टिकोण या मानसिक कायाकल्प से होता है।

पैरासेल्सस ने कहा था, "आपकी आस्था का विषय चाहे सच्चा हो या झूठा, परिणाम वही मिलेंगे।" इसी तरह अगर आप यह विश्वास करते हैं कि संतों की अस्थियों से उपचार होता है या किसी ख़ास जगह के पानी में उपचारक शक्ति होती है, तो आपको परिणाम मिलेंगे, क्योंकि आपके अवचेतन मन को शक्तिशाली सुझाव दिया गया है; और अवचेतन मन ही उपचार करता है। मंत्रों का उच्चारण करने वाला ओझा भी आस्था के ज़रिये ही उपचार करता है।

जो भी तरीक़ा आपको डर और चिंता से आस्था और आशावाद की ओर ले जाता है, वह उपचार करेगा। सच्चा वैज्ञानिक, मानसिक उपचार चेतन और अवचेतन मन के सम्मिलित कार्य द्वारा संभव होता है, जिसे वैज्ञानिक ढंग से दिशा दी जाती है।

जो व्यक्ति अपने हाथ में घाव से इंकार करता है (हालाँकि उसे घाव होता है) और जो अपने शरीर से भी इंकार करता है और कहता है कि दिखने वाली किसी मूर्त वस्तु का कोई वास्तविक अस्तित्व नहीं है, उसका भी उपचार हो सकता है; यह सब आपके लिए मूर्खतापूर्ण होगा। सवाल उठता है, "किसी का उपचार कैसे होता है, जब वह ऐसे क़दमों का प्रतिरोध करता है और दावा करता है कि वे उसकी बुद्धि का अपमान करते हैं?" कारण बहुत स्पष्ट है, बशर्ते आप यह जान लें कि अवचेतन मन कैसे काम करता है।

व्यक्ति से अपने मन और शरीर को शांत करने को कहा जाता है। उससे एक शांत, निष्क्रिय, ग्रहणशील अवस्था में पहुँचने को कहा जाता है। फिर वस्तुपरक इंद्रियाँ आंशिक रूप से शिथिल व उनींदी हो जाती हैं। वह एक उनींदी अवस्था में है और अवचेतन मन सुझाव का सहज अनुगामी है। फिर चिकित्सक आदर्श स्वास्थ्य के अद्भुत शब्दों का सुझाव देता है, जो उसके अवचेतन मन में दाख़िल हो जाते हैं। रोगी भारी राहत पा लेता है और शायद पूर्ण उपचार भी। इस अवस्था में चिकित्सक को रोगी के विरोधी आत्म-सुझावों की बाधा से नहीं जूझना पड़ता, जो उपचारक की शक्ति या सिद्धांत के सही होने पर वस्तुपरक शंका से उत्पन्न होते हैं। चेतन मन के उनींदी, निद्रालु अवस्था में रहने से प्रतिरोध न्यूनतम हो जाता है; इसलिए परिणाम मिलते हैं।

बहुत से लोग दावा करते हैं कि चूँकि उनके सिद्धांत से परिणाम मिलते हैं, इसलिए यही सही है। जैसा इस अध्याय में स्पष्ट किया गया है, यह सच नहीं हो सकता। आप जानते हैं कि सभी तरह के उपचार होते हैं। मेस्मर और अन्य लोगों ने यह दावा करके उपचार किया कि वे एक ख़ास चुंबकीय द्रव प्रवाहित कर रहे थे। दूसरे लोग आकर बोले कि यह सब बकवास है और उपचार सुझाव के कारण हुआ था।

मनोविश्लेषक, मनोवैज्ञानिक, अस्थि चिकित्सक, काइरोप्रैक्टर्स, चिकित्सक और सारे चर्च – ये सारे समूह एक ही शाश्वत उपचारक शक्ति का इस्तेमाल कर रहे हैं, जो अवचेतन मन में निहित है। इनमें से प्रत्येक दावा कर सकता है कि उपचार उसके सिद्धांत के कारण हुआ है। उपचार की समूची प्रक्रिया एक निश्चित, सकारात्मक मानसिक नज़रिया है, एक आंतरिक निश्चितता है या सोचने का तरीक़ा है, जिसे *आस्था* कहा जाता है। उपचार विश्वासपूर्ण अपेक्षा के

कारण होता है, जो अवचेतन मन के लिए शक्तिशाली सुझाव के रूप में काम करती है और इसकी उपचारक शक्ति को मुक्त करती है।

एक इंसान जिस शक्ति से उपचार करता है, वह दूसरे इंसान की शक्ति से अलग होती है। यह सच है कि उसका अपना सिद्धांत और विधि हो सकती है। लेकिन यह भी न भूलें कि उपचार की केवल एक ही प्रक्रिया है यानी आस्था; केवल एक ही उपचारक शक्ति है, यानी अवचेतन मन। आपको जो सिद्धांत और विधि पसंद हो, उसे चुन लें। आप इस बात से आश्वस्त रह सकते हैं कि अगर आपमें आस्था है, तो आपको परिणाम मिलेंगे।

कुछ समय पहले *लॉस एंजेलिस एग्ज़ामिनर* में जॉन मैकडॉवल रेडलैंड्स युनिवर्सिटी में आयोजित प्रार्थना चिकित्सा के परीक्षणों का वर्णन किया, जो "मनोशारीरिक परीक्षण प्रार्थना की शक्ति को उजागर करते हैं।" इसमें लिखा गया था :

क्लीनिक के 37 वर्षीय संचालक डॉ. विलियम आर. पार्कर ने आज पहली बार प्रकट किया कि आर्थ्राइटिस, दमे, अल्सर और भाषाई बाधा वाले बीस रोगियों के समूह में प्रार्थना चिकित्सा के शुरुआती परिणाम सकारात्मक रहे हैं।

डॉ. पार्कर ने कहा कि ये रोगी, जो विश्वविद्यालय क्लीनिक की नियमित समूह मनोवैज्ञानिक चिकित्सा के अलावा प्रार्थना चिकित्सा के अभ्यास के लिए सहमत हो गए, क्लीनिक के नियमित रोगियों से काफ़ी ज़्यादा प्रगति कर रहे हैं।

मिसाल के तौर पर : अल्सर के एक रोगी को प्रार्थना और समूह चिकित्सा पर विश्वास था। उसने

बताया कि पिछले तीन सप्ताह में उसके रोग के सभी लक्षण ग़ायब हो गए हैं।

रेडलैंड्स युनिवर्सिटी के एक प्रोफ़ेसर थे, जिन्हें हकलाने की गंभीर समस्या थी और बरसों का इलाज भी उसे दूर नहीं कर पा रहा था। छह महीने की प्रार्थना चिकित्सा के बाद उनकी हकलाने की समस्या दूर हो गई और भाषाई बाधा का कोई चिन्ह नहीं है।

एक और शिक्षक थे, जिन्हें टी.बी. के कारण एक साल पहले रिटायरमेंट लेने के लिए विवश होना पड़ा था। अब वे अपनी शिक्षक की नौकरी में लौट आए हैं और स्पष्ट रूप से ठीक हो चुके हैं।

"इस आदमी के डॉक्टर – एक टी.बी. विशेषज्ञ – ने हाल ही में उसका बलगम परीक्षण कराया," डॉ. पार्कर ने कहा। "टैस्ट नकारात्मक आया और डॉक्टर को विश्वास था कि कहीं न कहीं कोई ग़लती हो गई थी। उसने तुरंत एक और परीक्षण किया, लेकिन वह भी नकारात्मक निकला।"

डॉ. पार्कर – चिकित्सा के नहीं, मनोविज्ञान के डॉक्टर – ज़ोर देते हैं कि प्रार्थना चिकित्सा कोई "नीमहकीमी" चमत्कारिक रामबाण दवा नहीं है। यह तो प्रार्थना और अवचेतन मन पर इसके प्रभाव के प्रति वैज्ञानिक नीति है।

अब भी मनोशारीरिक चिकित्सा जगत की नज़रों में अवचेतन मन मानव जाति की कई पीड़ाओं का स्त्रोत है, जिनमें आर्थ्राइटिस, अस्थमा, हे फ़ीवर,

मल्टिपल स्क्लेरोसिस, टी.बी, अल्सर और हाई ब्लड प्रेशर शामिल हैं।

मनोशारीरिक सिद्धांत – जिसे ऐलोपैथी के चिकित्सक काफ़ी विवादित या संदिग्ध मानते हैं – यह है कि सारे रोग अवचेतन के कार्यकारी विकारों से शुरू होने के बाद ही शारीरिक रोग में विकसित होते हैं; आम तौर पर डॉक्टर कारण के बजाय लक्षणों पर हमला करके इंसान का उपचार करते हैं।

डॉ. पार्कर के अनुसार, प्रार्थना चिकित्सा अवचेतन में मौजूद इन विकारों के कारणों पर हमला करने का मनोशारीरिक प्रयास है।

"चार बुनियादी व्यक्तिगत मुश्किलें हर चीज़ की जड़ हैं, जिनसे अवचेतन मन में गड़बड़ियाँ होती हैं," डॉ. पार्कर ने कहा था। "वे हैं डर, नफ़रत, अपराधबोध और हीनता।"

रेडलैंड्स प्रार्थना-चिकित्सा प्रयोगों में प्रोजेक्ट में शामिल हो रहे रोगियों को मानक मनोवैज्ञानिक परीक्षणों की श्रृंखला दी गई, जिनमें ये बुनियादी मुश्किलें सबसे पहले खोजी गईं।

बाद में रोगी सप्ताह में एक बार नब्बे मिनट के समूह सत्र में अपनी समस्याओं पर बातचीत करते हैं। हर रोगी के परीक्षण में जो मुश्किलें या उसके व्यक्तित्व के नुक़सानदेह पहलू निकले हैं, इस समूह सत्र में उसे एक सीलबंद लिफ़ाफ़ा दिया जाता है।

घर लौटने के बाद रोगी लिफ़ाफ़ा खोलते हैं, जिससे उन्हें अपने एक नए, अवांछित पहलू का पता चलता है और अगली समूह मीटिंग तक वे दैनिक प्रार्थना करके उस ख़ास मुश्किल या अवांछित पहलू को सुलझाते हैं।

केवल एक ही "अनिवार्यता" है। हर रोगी को सोने से पहले हर रात नियमित रूप से प्रार्थना करना आवश्यक होता है।

"हम उस वक़्त प्रार्थना पर ज़ोर इसलिए देते हैं, क्योंकि सोने से पहले इंसान जो आख़िरी चीज़ सोच रहा होता है, वह उसके अवचेतन तक पहुँचने की सबसे ज़्यादा संभावना होती है," डॉ. पार्कर ने कहा।

डॉ. पार्कर को तीन साल पहले अल्सर हुआ था और तब उन्होंने पहली बार अपने प्रार्थना सिद्धांतों को ख़ुद पर आज़माया था। उनका कहना है कि ज़्यादातर रोगियों को सिखाना पड़ता है कि प्रार्थना कैसे करनी है।

क्लीनिक के प्रार्थना-चिकित्सा रोगियों को प्रार्थना की सकारात्मक नीति सिखाई जाती है, प्रेम और ईश्वर तथा सृष्टि की प्रेरक अवधारणा पर ज़ोर दिया जाता है।

"हम अपनी प्रार्थनाओं में स्वास्थ्य की भीख नहीं माँगते हैं। हम तो अस्वस्थ तत्व के उपचार के दृढ़ कथन कहते हैं, जिस पर रोगी आक्रमण करना चाहता है। यह ऐसे सकारात्मक, दोहराए जाने वाले अंदाज़ में किया जाता है, जो अंततः अवचेतन में धँस जाता है और उस व्यक्ति का हिस्सा बन जाता है," डॉ. पार्कर ने कहा। "इस तरह से, प्रार्थना द्वारा आत्म-चेतना के

भीतर के विनाशकारी पहलुओं पर आक्रमण किया जा सकता है और अंततः उनसे उबरा जा सकता है। इस तरह उनके शारीरिक रोगों के बुनियादी कारणों को ख़त्म कर दिया जाता है।"

विलशायर एबेल थिएटर में मैं हर रविवार को खचाखच भरी भीड़ के सामने बोलता हूँ। वहाँ हम कुछ समय तक "उपचारक मौन" में रहते हैं। मैं श्रोताओं से पहली चीज़ यह कहता हूँ कि वे तनावमुक्त हो जाएँ, खुद को ढीला छोड़ दें और अपने मन के पहियों को रोक दें। उद्देश्य यह है कि शंकालु चेतन मन को ख़ामोश कर दिया जाए और सुनने वालों के ग्रहणशील मन में स्वास्थ्य, शांति, खुशी तथा समृद्धि जैसा कोई नया विचार डाल दिया जाए। जिन लोगों में इसका बीज बोया जाता है, वे उपचार या उनकी प्रार्थना के जवाब का जन्म होगा। यह अवचेतन मन का गत्यात्मक कार्य (काइनेटिक ऐक्शन) है। कई लोग हर रविवार को उत्कृष्ट परिणाम बताते हैं, जैसा कि कृतज्ञ पत्रों द्वारा सत्यापित भी होता है।

मैं यहाँ अवचेतन मन की कार्यवाही के संदर्भ में कुछ महत्त्वपूर्ण घटकों पर ज़ोर देना चाहूँगा। एक आदमी एक बार मेरे पास आया और उसने मुझसे पूछा कि हालाँकि वह खुद से बार–बार कहता रहा, "मुझे सिर दर्द नहीं है," तो इसके बाद भी सिर दर्द क्यों नहीं गया? अवचेतन मन आसानी से इस विरोधाभास को स्वीकार नहीं करेगा; यह केवल उसी को स्वीकार करता है, जिसमें आप यकीन करते हैं और जिसे आप सच महसूस करते हैं या संभव मानते हैं। यदि आप अपने विचार के अमल की संभावना को मानसिक रूप से स्वीकार कर लेते हैं, तो अवचेतन मन सहयोग करेगा। अवचेतन मन पर छाप छोड़ने के लिए आपको इसका सहयोग

हासिल करना होगा। यदि आप अवचेतन मन को विश्वास दिला सकें कि आपको कोई सिर दर्द नहीं है, तो सिर दर्द दूर चला जाएगा।

मैंने उसे इस तरीक़े का सुझाव दिया : बार-बार शांति से और धीरे-धीरे घोषणा करो : "यह जा रहा है।" इस तरीक़े से वह विचार या निष्कर्ष अवचेतन मन के समझदार, गहरे स्वरूप को ज़्यादा अच्छी तरह विश्वास दिला देगा। उसे परिणाम मिले और उसने इसमें कुछ और जोड़ दिया : "यह कभी नहीं लौटेगा।"

बरसों से उसे माइग्रेन का एक भी दौरा नहीं पड़ा है, हालाँकि पहले वह इससे बारंबार कष्ट उठाता था। उसके मन में यह विश्वास या आशा रहती थी कि हर मंगलवार और शनिवार की सुबह उसे माइग्रेन के दौरे पड़ेंगे। यह भावना उसके अवचेतन मन के लिए आत्म-सुझाव के रूप में काम करती थी। अवचेतन मन उसके आदेश का पालन करता था और उसे निश्चित समय पर सिर दर्द करा देता था। अवचेतन मन बस यही कहता था, "आज मंगलवार की सुबह है; बॉस सिर दर्द चाहते हैं।" इस नकारात्मक सुझाव को उपर्युक्त विपरीत-सुझाव के ज़रिये ख़ारिज किया गया।

यहाँ एक और उदाहरण है : एक बहुत बुद्धिमती महिला कुछ साल पहले मेरे पास आई और बोली कि उसे एक त्वचा रोग था, जो ऑइंटमेंट लगाते ही चला जाता था, लेकिन जैसे ही वह ऑइंटमेंट लगाना छोड़ती थी, यह लौट आता था। वह किसी से द्वेष नहीं करती थी। वह बहुत धार्मिक थी और भावनात्मक दृष्टि से अच्छी तरह संतुलित नज़र आती थी। उससे बातचीत करने पर मैंने पाया कि उसे हमेशा त्वचा रोग होने का डर लगा रहता था। दरअसल, यह उसके अवचेतन मन के लिए एक बहुत शक्तिशाली सुझाव था; और चूँकि अवचेतन मन सुझाव और विश्वास द्वारा नियंत्रित होता है, इसलिए

इसने उसी अनुसार प्रतिक्रिया की।

वह दिन में दो-तीन बार दृढ़ कथन कहती थी : "मैं निरोग, निर्मल और आदर्श हूँ; मेरी त्वचा आदर्श है; मैं ठीक हो चुकी हूँ।" कुछ नहीं हुआ। आप तुरंत देख सकते हैं कि उसके मामले में क्या हुआ। जब वह कहती थी, "मेरी त्वचा आदर्श है," तो इससे हर बार उसके दिमाग़ में एक झगड़ा शुरू हो जाता था। उसके भीतर कोई चीज़ कहती थी, "नहीं, तुम्हारी त्वचा आदर्श नहीं है!"

नीचे दी गई तकनीक ने उसके लिए बेहतरीन काम किया। वह एक दिन में तीन-चार बार पाँच-दस मिनट तक यह कथन दोहराने लगी : "अब यह बेहतर के लिए बदल रहा है।" इससे उसके चेतन या अवचेतन मन में कोई झगड़ा नहीं हुआ। बाद में परिणाम मिले। समस्या धीरे-धीरे ग़ायब हो गई और दोबारा कभी नहीं लौटी। मुझे यक़ीन है कि उसने इसकी वापसी का सुझाव देना बंद कर दिया था। (मुझे जिसका सबसे ज़्यादा डर था, वही विपत्ति मुझ पर आन पड़ी है।)

अपना उपचार करने के लिए अवचेतन मन पर भरोसा करें। इसने आपके शरीर को बनाया था और यह इसकी सारी प्रक्रियाओं तथा कार्यों को जानता है। यह उपचार करने और आपके स्वास्थ्य को आदर्श बनाने के बारे में आपके चेतन मन से कहीं अधिक जानता है। अवचेतन मन, जिसे कई बार गहन स्वरूप भी कहा जाता है, आपके शरीर के बारे में जितना जानता है, उतना तो संसार के सबसे समझदार लोग भी नहीं जान सकते। कभी भी मन पर दबाव न डालें या इसे विवश न करें। हम यह नहीं कह रहे हैं कि "मैं निरोग, निर्मल और आदर्श हूँ," यह कहने वाले कुछ लोगों को परिणाम नहीं मिलते हैं; ज़ाहिर है, उन्हें मिलते हैं, क्योंकि वे खुद को इस पर

यक़ीन दिलाने में समर्थ हो जाते हैं। इंसान की व्यक्तिपरक आस्था की बदौलत अंधे विश्वास और आस्था से परिणाम मिलते हैं।

मेरे एक मनोवैज्ञानिक मित्र ने मुझे बताया कि उसके एक फेफड़े में संक्रमण था। एक्सरे और विश्लेषण में पता चला कि टी.बी. है। रात को सोने जाने से पहले वह शांति से यह दृढ़ कथन कहता था, "मेरे फेफड़ों की हर कोशिका, ऊतक और मांसपेशी को अब निरोग, निर्मल और आदर्श बनाया जा रहा है। मेरे पूरे शरीर को अब स्वास्थ्य और निरोगता में लौटाया जा रहा है।" ये उसके सटीक शब्द नहीं हैं, लेकिन ये उसकी कही बात का सार बताते हैं। लगभग एक महीने में ही पूर्ण उपचार हो गया। बाद में हुए एक्सरे ने दिखाया कि फेफड़े बिलकुल सही हो गए थे।

मैं उसके उपाय को जानना चाहता था, इसलिए मैंने उससे पूछा कि वह सोने से पहले शब्द क्यों दोहराता था। उसका जवाब यह है : अवचेतन मन की गत्यात्मक क्रिया आपके सोते समय नींद के दौरान भी जारी रहती है, इसलिए जब आप तंद्रा में लुढ़कें, तो अपने अवचेतन मन को करने के लिए कोई अच्छा काम सौंप दें।" यह बहुत समझदारी भरा जवाब था। ध्यान रहे, उसने निरोगता और स्वास्थ्य का सुझाव तो दिया था, लेकिन इस दौरान उसने अपनी समस्या का नाम लेकर ज़िक्र नहीं किया था।

मैं प्रबलता से सुझाव देता हूँ कि आप अपनी बीमारियों के बारे में बातचीत करना या उन्हें नाम से पुकारना बंद कर दें। आपका ध्यान और बीमारी का डर ही वह एकमात्र पोषक तत्व है, जिससे उन्हें जीवन मिलता है। ऊपर बताए गए मनोवैज्ञानिक की तरह आप एक अच्छे मानसिक सर्जन बन सकते हैं; फिर आपकी मुश्किलें उसी तरह हट जाएँगी, जिस तरह सूखी शाखाएँ पेड़ से अलग हो जाती हैं।

यदि आप लगातार अपने दर्द और लक्षणों का नाम ले रहे हैं, तो आपके मन के नियम द्वारा इन कल्पनाओं में साकार होने की प्रवृत्ति होती है, "जिसका मुझे भारी डर था।"

अवचेतन मन पर छाप छोड़ने की एक तकनीक यह है : यह मूलतः आपके अवचेतन मन को प्रेरित करने में निहित है कि यह चेतन मन द्वारा किए गए आपके आग्रह को स्वीकार कर ले। यह "हस्तांतरण" तंद्रा जैसी अवस्था में सबसे अच्छी तरह हासिल होता है। जान लें कि आपके सबसे गहरे मन में असीम प्रज्ञा और असीम शक्ति है। बस शांति से इस बारे में सोचें कि आप क्या चाहते हैं; इस पल के बाद इसे पूर्ण फलित होकर अपने जीवन में आता देखें। उस छोटी लड़की की तरह बनें, जिसे बहुत बुरी खाँसी थी और जिसका गला बंद था। उसने दृढ़ता से बार-बार घोषणा की, "यह अब दूर हो रही है; यह अब दूर हो रही है।" खाँसी लगभग एक घंटे में सचमुच दूर हो गई। पूर्ण सादगी और मासूमियत से इस तकनीक का इस्तेमाल करें।

अवचेतन मन का इस्तेमाल करते समय आप कोई विरोधी अनुमान नहीं लगाते हैं; आप किसी इच्छाशक्ति का उपयोग नहीं करते हैं। आप इच्छाशक्ति का नहीं, कल्पना का उपयोग करते हैं। आप अंत और स्वतंत्रता की अवस्था की कल्पना करते हैं। आप पाएँगे कि आपकी बुद्धि बीच में रोड़े डालने की कोशिश कर रही है, लेकिन आप बच्चों जैसी, चमत्कार करने वाली एक सरल आस्था क़ायम रखने में जुटे रहें। रोग या समस्या के बिना अपनी तस्वीर देखें। अपनी मनचाही स्वतंत्रता की अवस्था में पहुँचने पर जो भावनाएँ उत्पन्न होंगी, उनकी कल्पना करें। इस प्रक्रिया से सारी लेटलतीफ़ी को हटा दें। सरल तरीक़ा हमेशा सबसे अच्छा होता है।

याद रखें कि आपके शरीर में एक जैविक व्यवस्था है, जो स्वैच्छिक (सेरीब्रो-स्पाइनल नर्वस सिस्टम) और स्वचालित नर्वस सिस्टम की तुलना में चेतन और अवचेतन मन के पारस्परिक प्रभाव को दर्शाती है। ये दोनों तंत्र अलग-अलग या मिलकर काम कर सकते हैं। वेगस नर्व शरीर के दोनों तंत्रों को जोड़ती है। जब आप कोशिकीय तंत्र और आँख, कान, हृदय, लिवर, मूत्राशय आदि अंगों के तंत्र का अध्ययन करते हैं, तो आपको पता चलता है कि उनमें कोशिकाओं का समूह शामिल होता है, जिनमें एक सामूहिक प्रज्ञा होती है, जिसके द्वारा वे मिलकर काम करती हैं और मास्टर माइंड (चेतन मन) के सुझाव पर आदेश लेने तथा निगमनात्मक तरीक़े से उन पर अमल करने में समर्थ होती हैं। इसीलिए फेफड़ों की सामूहिक प्रज्ञा ने इस अध्याय में पहले बताए गए मनोवैज्ञानिक के सृजनात्मक, सकारात्मक सुझावों पर प्रतिक्रिया की।

इस पुस्तक में हमारा उद्देश्य मस्तिष्क की कार्यविधि के रहस्य को हटाना है, ताकि हम इसकी कार्यप्रणाली को बेहतर जान सकें। तनावरहित अवस्था में व्यक्तिपरक मन सतह पर आ जाता है और उपचार द्वारा सुझाए गए सही तरीक़ों पर काम करने लगता है। तब मन का गत्यात्मक कार्य वेगस नर्व के माध्यम से भूमिका निभाता है। नींद और जाग्रत अवस्था के बीच में मन अपनी भौतिक क़ैद को तोड़ देता है, यह समय और काल की सीमाओं से परे हो जाता है तथा अपनी आंतरिक स्वतंत्रता का ऐलान कर देता है।

क्विम्बी के विद्यार्थी डॉ. इवान्स चेतन मन को शिथिल करने में माहिर थे। यही नहीं, वे एक आंतरिक प्रकाश द्वारा, जिससे बाहरी परिवेश की चेतना पर कोई असर नहीं पड़ता था, रोग का आसानी से निदान करने में समर्थ थे।

अतींद्रियता अवचेतन मन की वह शक्ति है, जिसने क्विम्बी, डॉ. इवान्स, और कई अन्य लोगों को मनुष्य के आंतरिक तंत्र, रोग की प्रकृति और इसकी सीमा, साथ ही इसके पीछे के कारण को स्पष्टता से देखने में समर्थ बनाया। यह रोगियों के उपचार में बहुत सहायक साबित हुआ। उनके रोगियों में समस्या के मानसिक और भावनात्मक कारण का स्पष्ट होना महत्त्वपूर्ण था, क्योंकि अधिकतर मामलों में यही समाधान था।

आम नीति इस तरह है :

1. समस्या पर एक नज़र डालें।

2. फिर समाधान या बाहर निकलने के तरीक़े की ओर मुड़ें, जो सिर्फ़ अवचेतन मन को ही पता है।

3. इस गहन विश्वास के अहसास में विश्राम करें कि यह किया जा चुका है।

अपने उपचार को यह कहकर कमज़ोर न करें, "मुझे उम्मीद है!" या "यह बेहतर होगा!" चेतन मन जो भी नक़्शा अवचेतन को थमाता है, जिसे कई बार व्यक्तिपरक या स्वचालित मस्तिष्क कहा जाता है, आपके शरीर का कोशिकीय ढाँचा विश्वासपूर्वक और ईमानदारी से उसका अनुसरण करेगा। जो किया जाना है, उसके बारे में आपकी भावना "बॉस" है। जान लें कि स्वास्थ्य आपका है! निरोगता आपकी है! अवचेतन मन की असीम उपचारक शक्ति का ज़रिया बनकर बुद्धिमान बनें। असफलता के कारण हैं : आत्मविश्वास का अभाव और बहुत ज़्यादा कोशिश। विश्वास के बिंदु तक अवचेतन मन को सुझाव दें, फिर शिथिल हो जाएँ। ख़ुद से अपने हाथ हटा लें। स्थितियों और परिस्थितियों से कहें, "यह भी गुज़र जाएगी।" शिथिलता के ज़रिये आप अवचेतन मन पर छाप छोड़ देते हैं। इससे

आप विचार के पीछे की गत्यात्मक ऊर्जा को आगे आने और भौतिक जगत में प्रकट होने को समर्थ बनाते हैं।

एक-कोशिकीय जीव का सावधान अध्ययन हमें दिखाता है कि हमारे जटिल शरीर में क्या चलता है। हालाँकि एक-कोशिकीय जीव में कोई अंग नहीं होते, लेकिन यह फिर भी मानसिक क्रिया और प्रतिक्रिया का प्रमाण देता है, जो गति, पोषण, समायोजन और निष्कासन के बुनियादी कार्य करता है।

चूज़ों पर हृदय संबंधी प्रयोग में डॉ. एलेक्सिस कैरेल के निष्कर्ष महत्त्वपूर्ण हैं, क्योंकि वे इस बुनियादी निष्कर्ष की ओर संकेत करते हैं कि जीवन पूर्ण, जैविक ढाँचे के अभाव के बावजूद कार्य करता है।

इंसान का शरीर उसके आंतरिक मन की कार्यविधि को चित्रित करता है। हमारी असली शक्तियाँ अवचेतन मन में वास करती हैं। कोई भी इंसान अवचेतन मन की सारी कार्यविधियाँ नहीं जानता है, क्योंकि इसका दायरा असीमित है। यह कैसे काम करता है, इस बारे में हम अपनी क्षमता के अनुरूप सीखते हैं और फिर उसका समुचित इस्तेमाल करते हैं। लोग कहते हैं कि एक प्रज्ञा है, जो शरीर की परवाह करेगी, बशर्ते हम इसे उसके हाल पर छोड़ दें। यह सच है, लेकिन मुश्किल यह है कि चेतन मन और उसकी पाँच इंद्रियाँ बाहरी दिखावों के प्रमाण के आधार पर हमेशा हस्तक्षेप करती हैं, जिससे झूठे विश्वासों, डरों और कोरी राय का आधिपत्य जम जाता है। जब डर, झूठे विश्वास और नकारात्मक ढर्रे मनोवैज्ञानिक, भावनात्मक कंडीशनिंग द्वारा अवचेतन मन में दर्ज किए जाते हैं, तो अवचेतन मन के पास कोई दूसरा रास्ता नहीं रह जाता है। इसे तो दिए गए नक़्शे पर काम करना ही होता है।

आपके भीतर का व्यक्तिपरक स्वरूप सामान्य हित के लिए

लगातार काम करता है और सभी चीज़ों के पीछे सामंजस्य के प्राकृतिक सिद्धांत को दर्शाता है। एडिसन, कार्वर, आइंस्टाइन और कई अन्य लोगों के कार्यों का अध्ययन करें, जिन्हें बहुत ज़्यादा औपचारिक शिक्षा नहीं मिली, लेकिन इसके बिना भी वे जानते थे कि अवचेतन मन के अकूत ख़ज़ानों का दोहन कैसे किया जाए। स्वयं में आस्था का एक कारण रखें। जो आपको आँखों से दिखाई न देता हो, यदि आप उसमें विश्वास नहीं करते हैं, तो आप बहुत दूर तक नहीं जा सकते। मैं प्रेम को देख नहीं पाता हूँ, लेकिन मैं इसे महसूस करता हूँ; मैं सौंदर्य को नहीं देख पाता हूँ, लेकिन मैं इसे प्रकट महसूस करता हूँ। अक्सर किसी बलिष्ठ योद्धा के मज़बूत शरीर के बजाय घर-प्रेमी कवि की दुर्बल देह में ज़्यादा बड़ी व्यक्तिपरक आस्था होती है। हमारी सबसे बड़ी असफलता अवचेतन मन की शक्तियों में विश्वास का अभाव है। अपनी आंतरिक शक्तियों के साथ परिचित हो जाएँ।

सिद्धांततः यह जानने का क्या फ़ायदा कि आप आदर्श हैं, अगर आप इसे साकार न कर सकें? भावना के साथ आत्म-साक्षात्कार ही उपचार की एकमात्र कुंजी है। परिणाम पाना इस बात का सबूत नहीं है कि आपकी विधि वैज्ञानिक या दमदार है।

मैं एक आदमी को जानता था, जिसे बताया गया था कि वह किसी ख़रगोश के पैर को सात बार अपने सिर के चारों ओर लहराएगा, तो एक बड़ा मस्सा झड़ जाएगा। उसे इस पर यक़ीन था और उसे इसी अनुरूप परिणाम मिले। ख़रगोश के पैर का इससे कोई संबंध नहीं था; यह तो मस्तिष्क के नियम के कारण हुआ था। मानसिक स्वीकृति और विश्वास कारण थे; मस्से का झड़ना परिणाम था। यदि आप किसी मुश्किल स्थिति में तनावपूर्ण और चिंतित हैं, तो अवचेतन मन आप पर कोई ध्यान नहीं देगा।

एक मकान मालिक ने एक बार भट्टी की मरम्मत करने वाले मैकेनिक का विरोध किया, जो बॉइलर ठीक करने के 200 डॉलर ले रहा था। मैकेनिक ने कहा, "मैंने ग़ायब बोल्ट के तो सिर्फ़ 5 सेंट ही लिए हैं, बाक़ी के 199.95 डॉलर तो इस ज्ञान के लिए माँगे हैं कि गड़बड़ क्या थी।"

इसी तरह आपका अवचेतन मन एक माहिर मैकेनिक है, सबसे समझदार मैकेनिक है, जो आपके शरीर के किसी भी अंग या आपके जीवन की किसी भी परिस्थिति का उपचार करने के तरीक़े और साधन जानता है। स्वास्थ्य का आदेश दें और अवचेतन मन इसे स्थापित कर देगा, लेकिन तनाव से मुक्ति ही कुंजी है। "आसानी से काम अच्छा होता है।" विस्तृत विवरणों और साधनों की चिंता न पालें, बस अंतिम परिणाम पर ध्यान केंद्रित करें। अपनी समस्या के सुखद समाधान को महसूस करें, चाहे यह स्वास्थ्य हो, आर्थिक स्थिति हो या रोज़गार हो। याद रखें कि गंभीर बीमारी से ठीक होने के बाद आपको कैसा महसूस हुआ था। यह ध्यान रखें कि भावना ही सारे अवचेतन प्रदर्शन की कसौटी है। आपका नया विचार पूर्ण अवस्था में – भविष्य में नहीं – बल्कि अभी आता हुआ महसूस किया जाना चाहिए और वह भी व्यक्तिपरक दृष्टि से।

"मन के चमत्कारों" पर हमारे व्याख्यान सुनने वाला एक विद्यार्थी आँख की गंभीर समस्या से गुज़र रहा था। उसके डॉक्टर ने उससे कहा कि उसे ऑपरेशन की ज़रूरत है। उसे नैन्सी स्कूल तकनीक का इस्तेमाल सिखाया गया : एक छोटा वाक्य या दृढ़ कथन लें, जो आसानी से स्मृति पर अंकित हो जाए और फिर लोरी की तरह इसे बार-बार दोहराएँ।

हर रात जब यह आदमी सोने जाता था, तो उनींदी, ध्यान

जैसी अवस्था में दाख़िल हो जाता था, जो नींद से मिलती-जुलती थी। उसका ध्यान गतिहीन और अपनी आँखों के सामने डॉक्टर पर केंद्रित रहता था। उसने कल्पना की कि डॉक्टर उसके सामने था और उसने डॉक्टर की आवाज़ अपनी कल्पना में साफ़-साफ़ सुनी, "एक चमत्कार हो गया है!"

उसने सोने जाने से पहले शायद पाँच मिनट तक इसे हर रात बार-बार सुना। तीन सप्ताह बाद वह उसी नेत्र चिकित्सक के पास गया, जिसने पहले उसकी आँखों की जाँच की थी और उसने पूरी जाँच के बाद इस रोगी से कहा, "यह एक चमत्कार है!"

हुआ क्या था? उसने विचार का विश्वास दिलाने या अवचेतन मन को प्रभावित करने के लिए डॉक्टर का इस्तेमाल साधन के रूप में किया था। दोहराव, आस्था और उम्मीद के ज़रिये उसने अवचेतन मन में बीज बो दिया था। अवचेतन मन ने आँखों को दोबारा सही कर दिया; इसके भीतर आदर्श ढाँचा मौजूद था और यह तुरंत आँखों का उपचार करने की दिशा में चला गया। यह *आपके मन के चमत्कारों* का एक और उदाहरण है।

अवचेतन मन और शराब

शराबी मानसिक रोगी होता है और उसे पूर्ण मानसिक मरम्मत की ज़रूरत होती है। समस्याग्रस्त शराबी, बाध्यकारी शराबी या पियक्कड़ सामान्य ढंग से नहीं पीता है, जैसा उसके ज़्यादातर मित्र करते हैं। समस्याग्रस्त शराबी तो दीर्घकालीन शराबी होता है; वह लगातार कई दिनों, हफ़्तों, यहाँ तक कि महीनों तक भी पीता है। शराबी कहता है कि पीने का जुनून समय-समय पर उस पर हावी हो जाता है। वह आदत का शिकार है, क्योंकि उन्मत्तता की ओर ले जाने वाले कार्य इतनी ज़्यादा बार दोहराए गए हैं कि उसके अवचेतन मन में एक व्यक्तिपरक नक़्शा बन चुका है।

चूँकि शराबी पहले ही अपनी लालसा के सामने घुटने टेक चुका है, इसलिए उसे डर रहता है कि वह एक बार फिर घुटने टेक देगा। यह उसके बार-बार पराजित होने में योगदान देता है, क्योंकि वह अपने अवचेतन मन को यही सुझाव देता है। अपनी कल्पना की वजह से शराबी बार-बार शराब पीने की ओर लौटता है। जिन छवियों की छाप उसके अवचेतन मन पर छूटी होती है, वे फल देने लगती हैं। वह शराब पीने की प्रतियोगिता की कल्पना करने लगता है, जिसमें गिलास भरे और ख़ाली किए जाते हैं। फिर वह बाद में

मिलने वाले आराम और आनंद, तनावमुक्ति के अहसास की कल्पना करता है। अगर वह अपनी कल्पना को पूरी ढील दे, तो वह या तो बार में पीने चला जाएगा या फिर एक बोतल ख़रीद लाएगा।

शराबी इस आदत या शाप, जैसा वह इसे कहता है, से उबरने के लिए आम तौर पर कोशिश और इच्छाशक्ति का इस्तेमाल करता है। दिक्क़त यह है कि वह जितनी ज़्यादा कोशिश या इच्छाशक्ति का इस्तेमाल करता है, वह उतने ही ज़्यादा निराशावादी ढंग से दलदल में धँस जाता है।

कोशिश हमेशा स्व-पराजित होती है और अंततः इसके फलस्वरूप मनचाही चीज़ का उल्टा ही मिलता है। इसका कारण स्पष्ट है : उसके मस्तिष्क पर यह सुझाव हावी रहता है कि वह आदत से नहीं उबर सकता; अवचेतन मन हमेशा सबसे प्रबल विचार द्वारा नियंत्रित होता है। अवचेतन मन दो विरोधी सुझावों में से ज़्यादा शक्तिशाली को स्वीकार करेगा। प्रयास रहित तरीक़ा सबसे अच्छा होता है; इस तरीक़े के बारे में इस अध्याय में विस्तार से बताया जाएगा।

पहला पैग शराबी को हरकत में ले आता है। लोकप्रिय वाक्य है, "एक पैग पीने के बाद वह दौड़ने लग जाता है।" पूरी संभावना यह है कि वह तब तक पीता रहता है, जब तक कि अचेत अवस्था में लुढ़क नहीं जाता। शराबी के साथ अमूमन देखा जाता है कि वह सभी तरह के वादे करता है, जैसे "दोबारा कभी नहीं पियूँगा!" ऐसे कथनों का कोई मतलब नहीं होता। वह अपराधबोध से जकड़ा होता है, ग्लानि और शर्म के ज़बर्दस्त भाव की गिरफ़्त में होता है; इसके अलावा, वह खुद को शारीरिक दृष्टि से बहुत कमज़ोर भी बना चुका है। कम से कम अस्थायी तौर पर वह शराब से दूर रहने के लिए मजबूर होता है।

शराबी सचमुच मानसिक और शारीरिक तौर पर कष्ट उठाता है। काँपते हाथ और फड़कती मांसपेशियाँ उसके मन की मुश्किलों को उजागर करती हैं। वह रातों को सो नहीं पाता। वह आम तौर पर अपने सभी मित्रों को गँवा देता है। उसके परिवार के सदस्य तक उसका साथ छोड़ देते हैं। ऐसा व्यक्ति अपनी प्रतिष्ठा, सम्मान और ओहदा गँवा देता है। बहुधा शराबी एक दीर्घकालीन झूठा बन जाता है; अक्सर भिखारी भी।

आपके दिमाग़ में सवाल आते हैं : "कारण क्या है?" "वह इस तरह क्यों है?" "कौन सी चीज़ एक शीर्षस्थ, सम्मानित नागरिक को पीने और वहशी दरिंदे के स्तर तक गिरने के लिए विवश करती है?"

शराबी अपनी इस स्थिति के लिए जो आम कारण देगा, वे बहुत से हैं और अलग-अलग हैं। यहाँ कुछ सबसे लोकप्रिय कारण दिए जा रहे हैं : हीन ग्रंथि, किसी के द्वारा न चाहे जाने की भावना, डर का भाव, असुरक्षा, काम या पेशे को लेकर अक्षमता, अज्ञात भय, जीवन से डर, ज़िम्मेदारी स्वीकार करने से इंकार और कई अन्य बहुत से कारण।

आप तथाकथित कारणों की बहुत बड़ी संख्या पाएँगे और बरसों तक हासिल किए कारण पाएँगे। इस बारे में सोचें : यदि आप शराबी हैं, तो आपने शराबी बनने में कितने महीने और पैसे ख़र्च किए हैं? शायद एक पक्का शराबी बनने में आपको एक वर्ष का समय, भारी धनराशि और भारी कोशिश लगी होगी। जब आपको पता चल जाता है कि मूल कारण आपकी सोच है और आप तो बस इसे अस्वीकृति ग्रंथि जैसा आकर्षक नाम दे देते हैं, तो आप इस बारे में क्या करने जा रहे हैं?

अगर मैं आपको शराबी बनने का कारण बताता हूँ, तो इससे

आप होश में नहीं रहने लगेंगे। लेकिन होश, मानसिक शांति, सामान्य जीवन पाने का एक तरीक़ा है। मैं जो कहने जा रहा हूँ, वह आपके प्रिय सिद्धांतों के विरोध में लग सकता है। देखिए, आपके पीने का कारण आप खुद हैं! यह जीवन के प्रति आपका कटु मानसिक नज़रिया है।

आपके विचार, भावनाएँ, विश्वास, साथ ही आप जीवन में जिसे अपनी सहमति देते हैं, वे सभी आपके संसार को निर्धारित करते हैं। आपके संसार से मेरा मतलब है, आपका शरीर, आपकी परिस्थितियाँ, जीवन पर आपकी प्रतिक्रिया, आपका स्वास्थ्य, आर्थिक स्थिति और आपके जीवन के सभी पहलू। आपकी आदतन सोच आपके मानसिक नज़रिये को समाविष्ट करती है। आपके विचार जीवन, लोगों और वस्तुओं के प्रति आपकी मानसिक प्रतिक्रिया को उत्पन्न करते हैं, चिपकाते हैं और ठोस बनाते हैं। आप अपने मन में जिन विचारों को लगातार क़ायम रखते हैं, वे भाव उत्पन्न करते हैं। आपकी आदतन सोच आपको सुख या दुख, स्वास्थ्य या दर्द, उपलब्धि या गहरी कुंठा, संतुलित मन या तनाव/चिंता प्रदान करती है। आपके विचार आपको शराबी बनाते हैं या संयमी बनाते हैं, ताकि आप अपने मन पर शासन कर सकें।

इस पुस्तक में मेरा लक्ष्य और उद्देश्य आपको आपके अवचेतन मन की कार्यविधियों से परिचित कराना है, जो बुद्धिमत्ता और शक्ति का स्त्रोत है। यह वह सबसे शक्तिशाली, मनोवैज्ञानिक डायनैमो है, जिससे आप संपर्क कर सकते हैं। आप अपनी सोच द्वारा अपने अवचेतन मन पर जिस चीज़ की भी छाप छोड़ते हैं, यह उसे व्यक्त कर देता है। जैसा आप *सोचते* और *महसूस* करते हैं, वैसे ही आप अपने जीवन के सभी क्षेत्रों में होते हैं। अवचेतन मन में आप जो विचार रखते हैं, वही आपके शराब पीने के कारण हैं। इसलिए

आपको कारण की तलाश में आगे कहीं देखने की ज़रूरत नहीं है।

इस पल के बाद दूसरों को दोष देना और यह कहना छोड़ दें कि वे कारण हैं। मैं आम बहाने जानता हूँ : “ओह, मेरी अपने पति या पत्नी से पटरी नहीं बैठ पाती।” “मुझे कभी मौक़ा नहीं मिला; मुझे मेरे माता-पिता नहीं चाहते थे।” “मैं अनाथ था।” “मुझमें हीन ग्रंथि थी।” “मैंने अपना सारा पैसा गँवा दिया।” “जब मैं छोटा था, तभी मेरा पूरा परिवार मर गया।”

मैं इस बिंदु पर एक बार फिर ज़ोर दूँगा : आपके पियक्कड़पन का कारण आप खुद हैं। जीवन, लोगों और आम तौर पर संसार के बारे में आपके विचारों तथा विश्वासों के कारण ही आप वैसे हैं, जैसे कि हैं।

समय के साथ आपके सभी विचारों को आपका अवचेतन मन शोषित कर लेता है। फिर वह आपकी वास्तविकता को उसी अनुरूप बनाता है, जैसे आपके विचार थे या जैसी आपने तस्वीर देखी थी।

आपके भीतर अवचेतन मन में असीम शक्ति के भंडार और उपचारक शक्ति है; इससे इसी समय परिचित हो जाएँ। यदि आप शराबी हैं, तो इसे स्वीकार करें। मुद्दे से न कतराएँ। कई लोग शराबी इसलिए बने रहते हैं, क्योंकि वे इसे मानने से ही इंकार कर देते हैं।

आपकी बीमारी एक अस्थिरता है, एक आंतरिक डर है। आप जीवन का सामना करने से इंकार कर रहे हैं, इसलिए आप बोतल के ज़रिये अपनी ज़िम्मेदारियों से पलायन की कोशिश करते हैं। किसी शराबी के बारे में रोचक बात यह है कि उसमें कोई स्वतंत्र इच्छा नहीं होती। वह सोचता है कि उसमें होती है – वह अपनी इच्छाशक्ति की डींगें हाँकता है। पियक्कड़ व्यक्ति बहादुरी से कह तो देता है,

"अब मैं इसे कतई नहीं छुऊँगा," लेकिन उसमें इस पर अमल करने की शक्ति नहीं होती, क्योंकि वह जानता ही नहीं है कि इस शक्ति को कहाँ खोजे।

शराबी अपनी खुद की बनाई मनोवैज्ञानिक जेल में जी रहा है। वह अपने विश्वासों, रायों, प्रशिक्षण और परिवेशीय प्रभावों की बेड़ियों में बँधा है। वह अधिकतर लोगों जैसा ही है; यानी वह भी आदत का गुलाम है। वह जैसी प्रतिक्रिया करता है, वैसी प्रतिक्रिया करने के लिए उसे कंडीशन किया गया है।

शराबी को अपनी मानसिकता में स्वतंत्रता और शांति का विचार बनाना होगा, ताकि यह विचार उसके अवचेतन मन तक पहुँच जाए। चूँकि अवचेतन मन सर्व-शक्तिमान है, इसलिए यह शराबी को शराब के मोहपाश से मुक्त कर देगा; फिर वह शराबी, जिसे अब उसके मन की कार्यविधि की नई समझ मिल गई है, अपने कथनों पर सचमुच टिका रह सकता है और इसे खुद के सामने साबित कर सकता है।

आपका अवचेतन मन आपके विश्वासों और आदतों से कंडीशन होता है। यदि शराबी में इस आदत से खुद को मुक्त करने की तीक्ष्ण इच्छा है, तो यह मान लें कि उसका 51 प्रतिशत उपचार तो पहले ही हो चुका है। जब उसके मन में इसे जारी रखने से ज़्यादा इच्छा इसे छोड़ने की होती है, तो वह पूर्ण स्वतंत्रता हासिल करने में ज़्यादा मुश्किल अनुभव नहीं करेगा।

शराबी को अपने मन को दोबारा कंडीशन करना या ढालना होगा। ऐसा करने के तरीक़े और साधन मौजूद हैं। जब आप अच्छा सोचते हैं, तो अच्छा मिलता है; जब आप बुरा सोचते हैं, तो बुरा होता है; ये मन के नियमों के सरल उदाहरण हैं। यदि कोई दुख पर

केंद्रित रहता है और उसी के बारे में सोचता रहता है, तो उसे अपने बाहरी अनुभव में भी दुख और निराशा ही मिलती है। यदि वह अपने कारोबार में दौलत और सुख-शांति पर ध्यान केंद्रित करता है, तो वह दौलतमंद बन जाएगा। मन के ऐसे नियमों की संभावनाएँ जानने से एक नई प्रेरणा और एक नई आस्था इंसान को जकड़ लेती है।

शराबी सीखता है कि वह अपने मन का लंगर जिस भी विचार पर डाल लेता है, मन उसी का विस्तार करता है। यदि शराबी अपने मन को मुक्ति (आदत से मुक्ति) की अवधारणा और मानसिक शांति पर केंद्रित करता है और यदि वह अपने ध्यान की नई दिशा पर केंद्रित रहता है, तो उसके भीतर भावनाएँ उत्पन्न होंगी, जो धीरे-धीरे मुक्ति और शांति की अवधारणाओं को भावना में बदल देंगी। जो भी विचार भावनाकृत होता है, उसे अवचेतन मन स्वीकार कर लेता है और साकार कर देता है।

शराबी को यह अहसास होना चाहिए कि उसके कष्ट से अच्छा परिणाम निकल सकता है; उसने व्यर्थ ही कष्ट नहीं उठाया है। लेकिन कष्ट उठाते रहने से क्या फ़ायदा?

शराबी बने रहना केवल मानसिक और शारीरिक पतन या क्षय के बारे में है। इसी समय मद्यपान की इच्छा को "नहीं!" कहना शुरू करें। अहसास करें कि आपके अवचेतन मन की शक्ति आपको सहारा दे रही है। हालाँकि हो सकता है कि आप शुरुआत में विषाद-रोग और कँपकँपी से परेशान रहें, लेकिन कल्पना शुरू करें कि आपको कितनी खुशी और मुक्ति मिलने वाली है; यह विस्थापन का नियम है। आपकी कल्पना आपको बोतल तक ले गई थी। यही आपको स्वतंत्रता और मानसिक शांति तक ले जाएगी; इसे ऐसा करने दें। आप थोड़ा कष्ट उठाएँगे, लेकिन यह एक सृजनात्मक उद्देश्य

की ख़ातिर होगा। आप इसे उसी तरह सहन करेंगे, जिस तरह माँ प्रसव की पीड़ा को सहन करती है और आप भी इसी तरह मन के एक बच्चे को जन्म देंगे। आपका अवचेतन मन शराब-रहित संयम को जन्म देगा।

चाहे आप यह बात जानते हों या न जानते हों, आपकी सोच आपको नियंत्रित करती है। अब आप इस तथ्य के बारे में पूरी तरह जागरूक हो चुके हैं कि आपका अवचेतन मन बिना सवाल के उन विचारों को स्वीकार करता है, जिनकी छाप आप इस पर छोड़ते हैं। अब आप अपने जीवन को नियंत्रित करना शुरू कर सकते हैं। अपने मन को अनुशासित करने का मतलब है सृजनात्मक और सामंजस्यपूर्ण तरीक़े से सोचना।

एल्कोहलिज़्म या मद्यपान कही जानी वाली आपकी बीमारी मानसिक है; यह मानसिक दुविधा और अस्त-व्यस्त सोच के कारण उत्पन्न हुई है। दोहराव और शराब की शक्ति पर निर्भरता के ज़रिये शराबी अपने अवचेतन मन में एक नक़्शा बना लेता है, जिससे अनियंत्रित पीने की अवचेतन प्रवृत्ति बन जाती है। जब पहला पैग अंदर चला जाता है, तो यह कोई शारीरिक इच्छा या उकसाव नहीं है; यह विशुद्ध मानसिक या अवचेतन उकसाव तो इस कारण है कि आपने अपने अवचेतन मन में एक मानसिक साकी तैनात कर दी है, जो पहले पैग के बाद आपसे कहती है, "एक और पी लो! एक और पी लो!" ज़ाहिर है, यह लंबी आदत और सुझाव "एक और पी लो" के कारण है, जो आपके अवचेतन मन पर गहराई में अंकित हो जाता है। यह कोई परिस्थिति नहीं है, जो आपको पीने के लिए मजबूर करती है, लेकिन यह पहला पैग पीने के बाद आपको पीना जारी रखने के लिए मजबूर करती है। जब शराबी पहला पैग लेता है, तो यह अवचेतन मन के लिए आगे-बढ़ने का संकेत है, जो लंबी

आदत से आपके कार्यों को प्रेरित करने के लिए एक अवचेतन साकी तैनात कर देता है।

शराबी व्यक्ति जीवन में अपनी इच्छाएँ साकार नहीं कर पाया है, इसलिए वह हमेशा कुंठित रहता है। वह नहीं जानता कि एक शक्ति उसे उसके लक्ष्य तक पहुँचा सकती है, जिसकी बदौलत वह पूर्ण और सुखी जीवन जी सकता है। वह इस विश्वास तले बहुत लंबे समय तक रह चुका है कि वह अपने मनचाहे क्षेत्र में खुद को व्यक्त करने में असमर्थ है। असामान्य शराब पीने का सिलसिला उसकी कुंठा का फल है; सारे बीज (विचार) अपनी तरह के फल देते हैं। जो अवचेतन मन इस वक़्त शराबी को पीने के लिए प्रेरित कर रहा है, वह उसका उपचार भी कर सकता है और उसे इस आदत से मुक्त भी कर सकता है।

यहाँ एक निश्चित तकनीक दी जा रही है, जिसका इस्तेमाल आप खुद को मुक्त करने के लिए कर सकते हैं। यह एक मनोवैज्ञानिक नियम है, जिस पर अमल करने से आपको मानसिक शांति मिलेगी :

- *पहला क़दम :* किसी हत्थेदार कुर्सी पर बैठें या सोफ़े पर लेट जाएँ; कुछ मिनट तक खुद को तनावरहित होने के सुझाव दें। अब एक उनींदी, नींद जैसी अवस्था में आ जाएँ। इस तनावमुक्त, शांत, ग्रहणशील मनोदशा में आप जानते हैं कि आप एक सुझाववादी फ़ॉर्मूले का इस्तेमाल करने वाले हैं, जो आपके अवचेतन मन में प्रविष्ट हो जाता है और आपको स्वतंत्र बना देता है।

- *दूसरा क़दम :* इस उनींदी अवस्था में अपने अवचेतन मन से कहें, "मैं इस आदत से मुक्त हूँ। मेरे पास

मानसिक शांति है।" मुक्त होने की भावना और खुशी महसूस करें। इसे पाँच मिनट या ज़्यादा समय तक करें।

- *तीसरा क़दम :* कल्पना करें कि इसी समय कोई प्रिय व्यक्ति आपके सामने खड़ा है; आपकी आँखें बंद हैं; यह डॉक्टर, पत्नी या पति कोई भी हो सकता है। वह प्रिय व्यक्ति आपसे कह रहा है, *"बधाई!"* बधाई शब्द का मतलब आपके लिए पूर्ण संयम और मानसिक शांति है; दूसरे शब्दों में, आदत से पूर्ण स्वतंत्रता। इस शब्द को बार-बार सुनें, जब तक कि आपको सुखद प्रतिक्रिया न मिलने लगे। ऐसी प्रतिक्रिया पाएँ, जो संतुष्ट करे।

अगर यह करते वक़्त आप दिन में सो भी जाएँ, तब भी यक़ीन रखें कि आपका प्रयास बर्बाद नहीं गया है। मेरा सुझाव है कि आप इसे दिन में दो-तीन बार करें। रात को आप बधाई शब्द के साथ खुद को लोरी की तरह सुला सकते हैं, जिसका मतलब आपका पूर्ण उपचार है। जब आप इसे करना जारी रखते हैं, तो यह विचार आपके अवचेतन मन में पहुँच जाएगा, फिर शराब पीने की सारी इच्छा दूर चली जाएगी।

ऊपर जो तकनीक बताई गई है, वह कोई फ़ंतासी या दिवास्वप्न नहीं है। यह दिवास्वप्न केवल तभी बनती है, अगर आपको यह यक़ीन नहीं है कि आपकी मानसिक तस्वीर वास्तविक है। अपने अवचेतन मन को ये सुझाव देने के बाद यदि शंका, डर या निराशा आपका दरवाज़ा खटखटाएँ, तो कुछ घंटों पहले या उस सुबह के अपने मानसिक अनुशासन को याद कर लें, जब आपने उस वक़्त

अपने अवचेतन मन में एक बीज बोया था, जो इस समय आपके अधिक गहरे मन के अंधकार में अंकुरित हो रहा है और फल प्रदान करेगा। आप जानते हैं कि आपने एक मनोवैज्ञानिक नियम को सक्रिय किया था और बीज दरअसल अंकुरित होकर वही फल देगा, जिसकी आपने मन में कल्पना की थी। डर और निराशा के नकारात्मक विचारों से बीज को कतई उलट-पुलट न करें। इस आंतरिक चल-चित्र को दिन में कई बार चलाएँ। अपने अवचेतन मन की इस संवेदनशील फ़िल्म पर नकारात्मक सोच की रोशनी न पड़ने दें। जब शंका, डर, चिंता और डिप्रेशन आपको जकड़ें, तो खुद को शांति से याद दिलाएँ कि आपने एक तस्वीर खींची है, जो आपके अवचेतन मन में विकसित हो रही है।

जब आप अपना मन अपने लक्ष्य पर केंद्रित रखते हैं, तो आप अपनी राह में आने वाली सारी बाधाओं और प्रलोभनों से उबर जाते हैं। लगन और अपने द्वारा प्रयुक्त मानसिक नियम में आस्था के साथ आप अपनी नव-प्राप्त स्वतंत्रता की खुशी, संयम के रोमांच और मानसिक शांति का अनुभव करेंगे।

मैंने 35 साल में मद्यपान के कई बहुत बुरे प्रकरण देखे। उनमें से एक का उपचार इस सरल तरीक़े से हुआ। मैंने उस व्यक्ति से कहा कि हर रात जब वह सोने जाए, तो *स्वतंत्रता* शब्द को दोहराए। पहली रात उसने सोने से पहले इसे लगभग आधे घंटे तक दोहराया। वह जब जागा, तो उसका पूरी तरह उपचार हो चुका था और अब वह मन के नियम दूसरों को सिखा रहा है।

अपनी मानसिक फ़िल्म में विश्वास करें; आपको परिणाम मिलेंगे!

अवचेतन मन और दौलत

ज़्यादातर लोगों के साथ समस्या यह है कि जब कारोबार मंदा होता है या शेयर बाज़ार लुढ़क जाता है या वे अपने निवेश गँवा देते हैं, तो उनके पास समर्थन के अदृश्य साधन नहीं होते; वे असहाय नज़र आते हैं। उनकी असुरक्षा का कारण यह है कि वे यह नहीं जानते कि अवचेतन मन का दोहन कैसे किया जाए। वे इसके भीतर छिपे अकूत ख़ज़ाने से अपरिचित हैं।

ग़रीब मानसिकता वाला आदमी ख़ुद को ग़रीब परिस्थितियों में पाता है। दूसरी ओर, दौलत की मानसिकता वाले आदमी के पास हर वह चीज़ है, जिसकी उसे ज़रूरत है। संसार को इस तरह नहीं बनाया गया था कि लोगों को ग़रीबी का जीवन जीना चाहिए। आप दौलतमंद हो सकते हैं, आपके पास आपकी ज़रूरत की हर चीज़ हो सकती है और आपके पास काफ़ी बचत भी रह सकती है। आपके शब्दों में आपके मन के ग़लत विचार साफ़ करने और उनकी जगह सही विचार रखने की भी शक्ति होती है।

पिछले 35 वर्षों में मैं कई लोगों से बात कर चुका हूँ। उनकी आम शिकायत यह होती है, "मैंने हफ़्तों और महीनों तक कहा कि मैं

दौलतमंद और संपन्न हूँ, लेकिन कुछ नहीं हुआ।" बाद में पता चला कि जब उन्होंने "मैं संपन्न हूँ; मैं दौलतमंद हूँ" कहा था, तो उन्होंने अपने भीतर यह महसूस किया था कि वे ख़ुद से झूठ बोल रहे हैं।

एक आदमी ने मुझे बताया, "मैं संपन्न हूँ, यह वाक्य मैंने दृढ़तापूर्वक इतनी बार कहा कि मैं थक गया। अब स्थितियाँ पहले से बुरी हो चुकी हैं। जब मैंने वह कथन कहा था, तब मैं जानता था कि यह स्पष्ट रूप से सच नहीं था।" उसके कथन और उसी जैसे दूसरे लोगों के कथन चेतन मन ने ख़ारिज कर दिए और उन्होंने दृढ़तापूर्वक जो कहा था तथा जिसका दावा किया था, ठीक उसकी उल्टी चीज़ प्रकट हुई।

स्व-सुझाव सबसे अच्छी तरह तब सफल होता है, जब यह स्पष्ट हो और जब इससे कोई मानसिक संघर्ष या बहस उत्पन्न न हो। इस व्यक्ति के कथनों से स्थिति बदतर इसीलिए हुई, क्योंकि उन्होंने उसके अभाव का सुझाव दिया। अवचेतन कोरे शब्दों या कथनों को स्वीकार नहीं करता; यह तो सिर्फ़ आपके विश्वासों और मान्यताओं को ही स्वीकार करता है। अवचेतन मन हमेशा प्रबल विचार या विश्वास को ही स्वीकार करेगा।

जिन लोगों को यह मुश्किल आती है, उनके लिए इस संघर्ष से उबरने का तरीक़ा नीचे दिया जा रहा है। इस व्यावहारिक कथन को बार-बार बोलें, ख़ास तौर पर सोने जाने से पहले : "दिन-रात मैं अपने सारे क्षेत्रों में दौलतमंद बन रहा हूँ।" इससे कोई बहस उत्पन्न नहीं होगी, क्योंकि यह आर्थिक अभाव की अवचेतन मन की छाप का विरोध नहीं करता है।

मैंने एक व्यवसायी को सुझाव दिया, जिसकी बिक्री बहुत कम हो रही थी (और वह बहुत चिंतित था) कि वह अपने ऑफ़िस

में बैठे, शांत हो जाए और यह कथन बार-बार दोहराए : “मेरी बिक्री हर दिन बेहतर हो रही है। हर दिन मैं तरक्की कर रहा हूँ, आगे बढ़ रहा हूँ और ज़्यादा दौलतमंद बन रहा हूँ।” इस कथन ने चेतन और अवचेतन दोनों मनों का सहयोग हासिल किया; ऐसे ही परिणाम मिले।

ऊपर जो बताया गया है, वह दौलत के विचार की छाप अवचेतन मन पर छोड़ने का बहुत सरल, अनूठा तरीक़ा है। शायद इस अध्याय को पढ़ते समय आप कह रहे होंगे, “मुझे दौलत और सफलता चाहिए।” आप यह करें : दिन में तीन-चार बार पाँच मिनट तक दोहराएँ, “दौलत-सफलता।” इन शब्दों में ज़बर्दस्त शक्ति है। ये अवचेतन मन की आंतरिक शक्ति का प्रतिनिधित्व करते हैं। अपने मन का लंगर अपने भीतर की इस प्रबल शक्ति पर डाल लें; फिर उनकी प्रकृति और गुणवत्ता के अनुरूप स्थितियाँ और परिस्थितियाँ आपके जीवन में प्रकट हो जाएँगी। आप यह नहीं कह रहे हैं, “मैं सफल हूँ,” या “मैं दौलतमंद हूँ।” आप तो अपने भीतर की सच्ची शक्तियों पर केंद्रित हो रहे हैं। जब आप “दौलत” या “सफलता” कहते हैं, तो आपके मन में कोई संघर्ष नहीं होता है। इससे बढ़कर, जब आप इन विचारों पर ध्यान केंद्रित करते हैं, तो दौलत और सफलता की भावना आपके भीतर उभर आएगी।

दौलत की भावना दौलत उत्पन्न करती है; सफल होने की भावना सफलता उत्पन्न करती है; इसे हर समय मन में रखें। अवचेतन मन किसी बैंक की तरह है - एक तरह का सर्वव्यापी बैंक। आप इसमें जो भी जमा करते हैं या जिसकी भी छाप छोड़ते हैं, यह उसे बढ़ा देता है, चाहे यह अच्छा हो या बुरा।

आप कोरे चेक पर दस्तख़त करते हैं, जब आप इस तरह के कथन कहते हैं : “ख़र्च चलाने के लिए पर्याप्त नहीं है” या “कमी

है” या “क़िस्त न चुकाने की वजह से मेरा घर चला जाएगा,” आदि। अगर आप भविष्य को लेकर बुरी तरह घबरा रहे हैं, तो आप एक कोरा चेक काट रहे हैं और नकारात्मक परिस्थितियों को अपनी तरफ़ आकर्षित कर रहे हैं। अवचेतन मन आपके डर और विश्वास को आपका आग्रह मान लेता है और आपके जीवन में बाधाएँ, विलंब, अभाव तथा सीमा लाने के लिए अपने तरीक़े से काम में जुट जाता है। जिसके पास दौलत की भावना है, उसे ज़्यादा दौलत दी जाएगी; जिसके पास अभाव की भावना है, उसे ज़्यादा अभाव दिया जाएगा।

अवचेतन मन आपको चक्रवृद्धि ब्याज भी देता है। हर सुबह जब आप जागें, तो समृद्धि, सफलता, दौलत और शांति के विचार जमा करें। इन अवधारणाओं पर मनन करें; अपने मन को यथासंभव उनमें व्यस्त रखें। ये सकारात्मक विचार आपके अवचेतन मन में जमा राशि के रूप में अपना रास्ता खोज लेंगे और प्रचुरता तथा संपन्नता ले आएँगे।

मैं आपको यह कहते सुन सकता हूँ, “ओह, मैंने यह किया, मगर कुछ भी नहीं हुआ।” आपको परिणाम इसलिए नहीं मिले, क्योंकि शायद दस मिनट बाद आप दोबारा डर के विचारों में डूब गए और उस अच्छी चीज़ को नकार दिया, जिसे आपने दृढ़तापूर्वक कहा था। जब आप ज़मीन में कोई बीज बोते हैं, तो आप उसे खोदकर नहीं देखते हैं।

मिसाल के तौर पर मान लें, आप यह कहने जा रहे हैं, “मैं वह भुगतान नहीं कर पाऊँगा!” “मैं वह भुगतान –” कहने के बाद वाक्य को अधूरा छोड़ दें और किसी सकारात्मक, सृजनात्मक कथन पर मनन करें, जैसे “दिन-रात मैं सभी तरीक़ों से समृद्ध हो रहा हूँ।”

समृद्ध होने का अर्थ है ज्ञान, समझ और भौतिक संपत्तियों

आदि सभी क्षेत्रों में आगे बढ़ना। पैसा दौलत का प्रतिनिधित्व करता है; यह विनिमय का प्रतीक है; यह स्वतंत्रता, वैभव, विलासिता और परिष्कार का प्रतिनिधि है। मैं किसी ऐसे व्यक्ति को नहीं जानता, जो यह कहता हो कि उसके पास ज़रूरत से ज़्यादा है; अधिक संभावना इस बात की है कि वह ज़्यादा की तलाश कर रहा होता है।

ज़्यादातर लोग इस मुग़ालते में रहते हैं कि उनके पैसे का मूल्य दक्षिण अफ्रीका के सोने या अमेरिकी कोषालय की तिजोरी में मौजूद सोने पर निर्भर है; बाक़ी इस डर में जीते हैं कि मुद्रा का अवमूल्यन हो जाएगा, जिससे उन्हें नुक़सान होगा। जब रक्त आपके शरीर में आदर्श और सामंजस्यपूर्ण ढंग से प्रवाहित हो रहा है, तो चिकित्सक कहता है कि आप स्वस्थ हैं; इसी तरह जब धन आपके जीवन में मुक्तता से प्रवाहित हो रहा है, आपकी सभी ज़रूरतों को पूरा कर रहा है और हमेशा बचा भी रहता है, तो आप समृद्ध हैं।

मिसाल के तौर पर, आप रेडियो पर समाचार सुनते हैं और आपको पता चलता है कि शेयर बाज़ार लुढ़क गया है। अगर इससे चिंता या डर की भावना उत्पन्न होती है, तो आप कुछ आँकड़ों या समाचारों से प्रभावित और कंडीशन्ड हैं। आपकी आर्थिक सुरक्षा और दौलत, धन-संबंधी आपकी व्यक्तिपरक या आंतरिक भावना पर निर्भर होती है।

जब आप दौलत और सफलता का विचार अपने अवचेतन मन तक पहुँचाना चाह रहे हैं, तो यह सुनिश्चित करें कि आप कभी कोई मूर्खतापूर्ण कथन न कहें, जैसे "मैं पैसे से नफ़रत करता हूँ," "यह बुरी चीज़ है," या "यह सारी बुराई की जड़ है।" इस तरह का मानसिक नज़रिया रखेंगे, तो पैसा पंख लगाकर आपसे दूर उड़ जाएगा। तब आप अवचेतन मन को दो विरोधी आदेश दे रहे होंगे; एक दूसरे को ख़ारिज कर देगा और कुछ नहीं होगा।

युगों से धन के कई रूप बदलते रहे हैं। आप जो सचमुच चाहते हैं, वह है यह अवचेतन विश्वास कि पैसा आपके जीवन में हमेशा सतत प्रवाह में रहेगा, समय के हर पल और हर जगह आपकी आवश्यकताओं को पूरा करेगा।

धन इस देश में आपकी आर्थिक सेहत के लिए अनिवार्य है; इसलिए आपके पास ज़रूरत का सारा पैसा होना चाहिए और बचना भी चाहिए। इसी समय यह विश्वास शुरू करें और दावा करें कि धन अद्भुत है। धन से प्रेम करना शुरू करें और इससे मित्रता करें; आपके पास हमेशा प्रचुरता रहेगी; आपको कभी कमी नहीं पड़ेगी।

प्रेम एक भावनात्मक लगाव है। जब तक कि आप अपने काम या पेशे से प्रेम न करते हों, आप वाक़ई सफल नहीं हो सकते। प्रेम हमेशा विस्तार करता है और कई गुना करता है। इसलिए दौलत के विचार से प्रेम करें, जब तक कि यह व्यक्तिपरक तरीक़े से साकार न हो जाए। अपने दिमाग़ में बड़े-बड़े अक्षरों में इसे लिख लें : *आप जिससे प्रेम करते हैं, उसे आप बढ़ाते हैं। आप जिसकी आलोचना करते हैं, वह आपके जीवन से ग़ायब हो जाता है।*

आप इस बुनियादी तथ्य से परिचित हैं : जब पैसा किसी देश में खुलकर प्रवाहित होता है, तो इसकी आर्थिक स्थिति स्वस्थ होती है। इसी तरह अपने जीवन में भी पैसे का स्वस्थ संचार होने दें, ख़ास तौर पर अपने मानसिक नज़रिये में। यकीन करें कि पैसा अच्छा है; उस भलाई के बारे में सोचें जो आप इससे कर सकते हैं। दौलत की सतत धारा के मानसिक प्रवेश-द्वार और निकास-द्वार बनें, जो आपकी ओर प्रवाहित हो रही है और हमेशा आदर्श संचार में आपकी ओर से दूसरी ओर भी प्रवाहित हो रही है।

यदि आपके सामने आर्थिक मुश्किलें हैं, आप गुज़ारा करने के

लिए जूझ रहे हैं, तो इसका मतलब है कि आपने अपने अवचेतन मन को यह विश्वास नहीं दिलाया है कि आपके पास हमेशा प्रचुरता में रहेगा और कुछ बचा भी रहेगा। आप ऐसे स्त्री-पुरुषों को जानते होंगे, जो सप्ताह में कुछ घंटे काम करते हैं और दौलत की भारी राशि बनाते हैं। वे बहुत ज़्यादा मेहनत नहीं करते; वे गुलामों की तरह काम नहीं करते। इस कहानी पर यक़ीन न करें कि आप दौलतमंद या सफल सिर्फ़ इसी तरीक़े से बन सकते हैं कि आप अपना खून-पसीना एक करें और कड़ी मेहनत करें। ऐसा नहीं होता; जीवन का प्रयास रहित तरीक़ा सबसे अच्छा है। आप जिसे करने से प्रेम करते हैं, वही करें। इसे खुशी और रोमांच की ख़ातिर करें। काम करते वक़्त गुनगुनाएँ। अगर आप अपने काम से प्रेम करते हैं, तो आप ऐसा ही करेंगे। इसके अलावा, अगर आप अपने काम से प्रेम करते हैं, तो आपका सफल होना तय है।

मैं एक एक्ज़ीक्यूटिव को जानता हूँ, जिसे बहुत ऊँची तनख़्वाह मिलती है। पिछले साल वह दस महीने की समुद्री सैर पर गया था और संसार के रमणीक स्थलों को देख रहा था। उसने अपने अवचेतन मन को विश्वास दिला दिया है कि वह इतने सारे धन के योग्य है। उसने मुझे बताया कि उसके संगठन में कई लोग हैं, जिन्हें हर सप्ताह 100 डॉलर से भी कम मिलता है, जबकि वे कारोबार के मामले में उससे अधिक जानते हैं और इसे उससे बेहतर सँभाल सकते हैं, लेकिन उनमें कोई महत्त्वाकांक्षा और कोई विचार नहीं थे।

धन व्यक्ति के अवचेतन विश्वास के सिवाय कुछ नहीं है। आप यह कहकर मिलियनेअर नहीं बनेंगे, "मैं मिलियनेअर हूँ। मैं मिलियनेअर हूँ।" आप अपनी मानसिकता में दौलत और सफलता के विचार बनाकर दौलत की चेतना विकसित करेंगे। हमारा एक विद्यार्थी पहले सेल्समैन के रूप में 75 डॉलर प्रति सप्ताह कमाता था, लेकिन

अब वह भारी वार्षिक तनख़्वाह वाला सेल्स मैनेजर है। यह सब एक महीने के भीतर हो गया।

जब यह आदमी दाढ़ी बनाता था, तो हर सुबह वह शीशे में ख़ुद को देखकर कहता था, "तुम दौलतमंद हो; तुम भारी रूप से सफल हो।" यह हफ़्तों तक चला। आठ ही सप्ताह में उसे अचानक 80 अन्य सेल्समैनों के ऊपर तरक्की मिल गई। दाढ़ी बनाते समय आप तनावरहित होते हैं। जैसा पहले बताया गया था, आप अपने अवचेतन मन तक कोई विचार तभी पहुँचा सकते हैं, जब आप समय-समय पर, बार-बार आस्था और सुखद आशा से इसे दोहराएँ।

विलशायर एबेल थिएटर में 1,200-1,300 लोगों की हमारी कक्षाओं में एक सवाल अक्सर पूछा जाता है : "अगर मुझे एक निश्चित राशि जैसे 1,000 डॉलर की ज़रूरत है, तो क्या मुझे उसी पर ध्यान केंद्रित करना चाहिए?" आप ऐसा कर सकते हैं और यह कारगर होगा। बहरहाल, सामान्य और सबसे अच्छा तरीक़ा यह है कि पैसे के बारे में किसी ख़ास राशि के संदर्भ में न सोचें। प्रचुरता के संदर्भ में सोचें, ताकि यह आसानी और आदर्श कार्य की स्वतंत्रता के साथ आपको शक्ति दे। इसका कारण यह है कि आप अपने अवचेतन मन पर जिसकी भी छाप छोड़ते हैं, वह बढ़ेगा और कई गुना होगा, उसी तरह जिस तरह कि ज़मीन में बोए गेहूँ के दाने सौ गुना फ़सल देते हैं।

अवचेतन मन प्रचुरता के नियम के हिसाब से काम करता है। प्रकृति उदार, दरियादिल और प्रचुर है, इसलिए अपना ख़ुद का आकलन बढ़ाएँ। यदि आप दिन में एक सिक्के के बदले में जीवन का सौदा करते हैं, तो सृष्टि इसी अनुरूप प्रतिक्रिया करेगी। कई लोगों में ज़्यादा धन की तीव्र इच्छा होती है, लेकिन उनका अवचेतन नक़्शा

75 डॉलर प्रति सप्ताह का होता है; इसलिए वे इसी को प्रदर्शित करते हैं, हालाँकि वे इससे कहीं अधिक का प्रदर्शन कर सकते थे।

यहाँ दौलत की चेतना को बढ़ाने की एक सरल तकनीक दी जा रही है। इन कथनों का उपयोग दिन में कई बार करें : "मैं धन को पसंद करता हूँ; मैं इससे प्रेम करता हूँ; मैं समझदारी से, सृजनात्मक तरीक़े से और विवेकपूर्ण ढंग से इसका इस्तेमाल करता हूँ। धन मेरे जीवन में लगातार प्रवाहित हो रहा है। मैं इसे खुशी-खुशी देता हूँ और यह अद्भुत तरीक़े से कई गुना होकर मेरे पास लौटता है। यह अच्छा है, बहुत अच्छा है।" इससे पैसे के प्रति सही नज़रिया पाने में मदद मिलेगी।

कभी भी धन की आलोचना यह कहकर न करें, "धन गंदा है; यह बुरा है; यह दूषित है।" आप जिसकी आलोचना करते हैं, उसे आकर्षित नहीं कर सकते। जब आप चीज़ों पर पूरा सोचना शुरू करते हैं, तो आपको अहसास होगा कि असली दौलत आपके मन में अद्भुत विचारों के प्रवाह पर निर्भर करती है, जो अवचेतन स्तरों से ऊपर उठते हैं।

एक युवा जासूस को ज़्यादा पैसे चाहिए थे, इसलिए उसने ऊपर बताए फ़ॉर्मूले का इस्तेमाल किया। एक सुबह जब वह जागा, तो उसे यह उत्कट इच्छा महसूस हुई कि वह अपने अनुभव के आधार पर एक छोटी कहानी लिखे। वह कहानी लिखने बैठ गया और विचार खुलकर आने लगे। उसकी कहानी स्वीकार कर ली गई और फिर उसने कई अन्य कहानियाँ लिखीं। उसे इन कहानियों के बहुत अच्छे पैसे मिले। दौलत उसके खुद के दिमाग़ के विचारों के रूप में उसके पास आई। आपका मन भी आपके सामने किसी नए आविष्कार, किसी नई पुस्तक या नाटक की सामग्री उजागर कर

सकता है। इसलिए अपने अवचेतन मन का इस्तेमाल करें।

एक सेल्स मैनेजर मेरा परिचित था। अपने बिक्री प्रचार अभियान के विचार उसके दिमाग़ में तब आते थे, जब वह सुबह जागता था। वह कंपनी का प्रेसिडेंट बन गया; उसके जैसा सेल्स मैनेजर कभी नहीं हुआ था।

आपके अवचेतन मन में विचारों की कभी कमी नहीं होती। इसके भीतर असंख्य विचार रहते हैं, जो आपके चेतन मन में प्रवाहित होने के लिए तैयार होते हैं। ये असंख्य तरीक़ों से आपकी जेब में नक़द के रूप में प्रकट होने को तैयार होते हैं। यह प्रक्रिया आपके मन में निरंतर जारी रहेगी, चाहे बाज़ार ऊपर जाए या नीचे, चाहे पाउण्ड का मूल्य गिरे अथवा डॉलर का। आपकी दौलत दरअसल कभी भी बॉण्ड, शेयर, या बैंक में जमा पैसे पर निर्भर नहीं होती; ये सब दरअसल प्रतीक हैं (ज़ाहिर है, आवश्यक और उपयोगी)। मैं जिस बिंदु पर ज़ोर देना चाहता हूँ, वह यह है कि अगर आप अपने अवचेतन मन को विश्वास दिला देते हैं कि दौलत आपकी है और धन की प्रचुरता आपके जीवन में हमेशा संचरित हो रही है, तो यह हमेशा आपके पास रहेगा, चाहे यह कोई भी रूप ले ले।

अगर आप यक़ीन करते हैं कि दौलत या धन आपकी नौकरी या काम के ज़्यादा घंटों पर निर्भर है, तो आपके पास एक सीमित अवधारणा है; आप अपने खुद के विश्वासों से बँधे हैं। यह कारण और परिणाम का संसार है। अगर आप पैसे को लेकर चिंता करते हैं और खीजते हैं, तो अभाव की यह मनोदशा धन के और भी ज़्यादा अभाव को उत्पन्न करेगी। आपका मानसिक नज़रिया कारण है; कम पैसा परिणाम है।

एक भावना है, जो कई लोगों के जीवन में आर्थिक अभाव का

कारण है। ज़्यादातर लोगों को इस सच्चाई का पता मुश्किल तरीक़े से लगता है। यह भावना है ईर्ष्या। मिसाल के तौर पर, यदि आप किसी प्रतिस्पर्धी को बैंक में पैसे की भारी धनराशि जमा करते देखते हैं और आपके पास जमा करने के लिए सिर्फ़ छोटी सी राशि ही है, तो क्या इससे आप ईर्ष्यालु हो जाते हैं? इस भावना से उबरने का तरीक़ा ख़ुद से यह कहना है, "क्या यह अद्भुत नहीं है! मैं इस व्यक्ति की समृद्धि पर आनंदित होता हूँ। मैं चाहता हूँ कि उसके पास ज़्यादा से ज़्यादा दौलत रहे।"

क्या आप जानते हैं कि आप क्या कर रहे हैं? आप दरअसल अवचेतन मन पर दौलत के विचार की छाप छोड़ रहे हैं! ईर्ष्यालु विचारों को प्रश्रय देना विनाशकारी है, क्योंकि यह आपको एक बहुत नकारात्मक स्थिति में पहुँचा देता है। तब दौलत आपकी ओर प्रवाहित होने के बजाय आपसे दूर प्रवाहित होने लगती है। यदि आप कभी किसी की समृद्धि या भारी दौलत से परेशान हैं या चिढ़े हैं, तो तुरंत दावा करें कि आप हर संभव तरीक़े से उस व्यक्ति के लिए ज़्यादा समृद्धि की सच्ची कामना करते हैं। इससे आपके मन के नकारात्मक विचार ख़ारिज हो जाएँगे। तब आपके ख़ुद के अवचेतन मन के नियम से दौलत भारी मात्रा में आपकी ओर प्रवाहित होगी।

शायद आप उन लोगों को जानते हैं, जो हमेशा जैसे-जैसे महीना चलाने की कोशिश कर रहे हैं; वे हमेशा पैसे के साथ जूझते रहते हैं। क्या आपने कभी उनकी बातचीत सुनी है? कई उदाहरणों में उनकी बातें इस अंदाज़ में चलती हैं : वे लगातार उन लोगों की निंदा करते हैं, जो जीवन में सफल हुए हैं और जिन्होंने अपना सिर भीड़ के ऊपर उठा दिया है। शायद वे कहते हैं, "ओह, यह आदमी बेईमानी से कमाता है; वह बेरहम है; वह धोखेबाज़ है।" इसी वजह से उनके पास अभाव होता है; वे उसी चीज़ की निंदा कर रहे हैं,

जिसे वे चाहते हैं और जिसकी वे कामना करते हैं। वे अपने समृद्ध सहयोगियों की आलोचना इसलिए करते हैं, क्योंकि वे उनकी समृद्धि के प्रति ईर्ष्यालु और लालची होते हैं। दौलत में पंख लगाने और इसे आपसे दूर उड़ाने का सबसे तीव्र तरीक़ा यही है कि आप अपने से ज़्यादा पैसे वाले लोगों की आलोचना और निंदा करें।

क्या आप कहते हैं कि आपको कभी कोई मौक़ा नहीं मिला? क्या आप अपने रिश्तेदारों, अपनी माँ या पिता को दोष दे रहे हैं, क्योंकि उन्होंने कभी आपकी आर्थिक सहायता नहीं की। ऐसा करना तुरंत छोड़ दें। सीखें कि दौलत का रहस्य अपने ही मन का सही इस्तेमाल है। आपके असीमित मन के सभी संसाधन आपके पक्ष में हैं और आपके ज़रिये अभिव्यक्ति चाह रहे हैं, बशर्ते आप ग्रहणशील मानसिक नज़रिया रखें।

यदि आप किसी के बारे में चिंतित और आलोचनात्मक हैं, जिसके बारे में आप दावा करते हैं कि वह बेईमानी से पैसे कमा रहा है, तो उस व्यक्ति की चिंता करना छोड़ दें। आप जानते हैं कि वह व्यक्ति मन के नियम का नकारात्मक उपयोग कर रहा है। देखिए, मन का नियम उसे परिणाम दे देगा। बस यह सुनिश्चित करें कि आप उसकी आलोचना न करें; इसके कारण ऊपर बता ही दिए गए हैं।

यदि आप किसी आर्थिक अवरोध का अनुभव कर रहे हैं, तो यह जान लें कि बाधा आपके खुद के मन में है। अब आप उस मानसिक अवरोध को नष्ट कर सकते हैं। मानसिक दृष्टि से हर एक के साथ अच्छे संबंध रखें।

जब आप आज रात सोने जाते हैं, तो यहाँ बताई गई तकनीकों का अभ्यास करें। *दौलत* शब्द को शांति से, आसानी से और भावना के साथ दोहराएँ। इसे बार-बार किसी लोरी की तरह दोहराएँ। एक

ही शब्द के साथ खुद को सुलाएँ : *दौलत*। परिणाम देखकर आप हैरान रह जाएँगे। दौलत प्रचुरता के हिमखंडों के रूप में आपकी ओर प्रवाहित होने लगेगी; यह *अवचेतन मन के चमत्कारों* का एक और उदाहरण है।

वैवाहिक समस्याओं में अवचेतन मन का इस्तेमाल कैसे करें

तलाक़ रोकने का सबसे अच्छा समय विवाह से पहले होता है। आपके भीतर छुपी शक्तियों का अज्ञान ही आपकी तमाम वैवाहिक मुश्किलों का कारण है। यह सीखें कि सही पत्नी या पति को कैसे आकर्षित किया जाता है। मिसाल के तौर पर, यदि आप महिला हैं और पति खोज रही हैं, तो खुद को तमाम कारण गिनाकर शुरू न करें कि आप विवाहित क्यों नहीं हो सकतीं। इसके बजाय, खुद को वे सारे कारण बताएँ कि आप सुखद रूप से विवाहित क्यों हो सकती हैं। अपनी शब्दावली से नहीं–कर–सकता को हटा दें। जिसे यक़ीन होता है कि वह कर सकता है, वह सचमुच कर सकता है।

अब आप जान चुके हैं कि अवचेतन मन कैसे काम करता है। आप जान गए हैं कि आप इस पर जिसकी भी छाप छोड़ते हैं, उसी का अनुभव आपके संसार में किया जाएगा। अभी अपने अवचेतन मन पर उन गुणों और विशेषताओं की छाप छोड़ना शुरू करें, जिनकी आप किसी व्यक्ति में प्रशंसा करते हैं।

इसकी एक तकनीक यह है : रात को अपनी हत्थेदार आरामकुर्सी पर बैठ जाएँ; अपनी आँखें बंद कर लें; अपने शरीर को शिथिल कर लें; और बहुत शांत, निष्क्रिय तथा ग्रहणशील बन जाएँ। अपने अवचेतन मन से बात करें और इससे कहें, "मैं एक ऐसे पुरुष को अब अपने अनुभव में आकर्षित कर रही हूँ, जो सच्चा, ईमानदार, वफ़ादार, दयालु, आस्थावान और समृद्ध है। वह शांत और खुश है। ये गुण इस वक़्त मेरे अवचेतन मन में उतर रहे हैं। जब मैं इन गुणों पर मनन करती हूँ, तो वे मेरा हिस्सा बन जाते हैं। मैं जानती हूँ कि आकर्षण का एक प्रबल, अकाट्य नियम है और वह यह है कि मैं अपने अवचेतन विश्वासों के अनुरूप पुरुष को ही अपनी ओर आकर्षित करती हूँ। मैं उसे आकर्षित करती हूँ, जिसे मैं अपने अवचेतन मन में सच महसूस करती हूँ। दूसरे शब्दों में, मैं जानती हूँ कि नियम के अनुसार मैं उसी पुरुष को आकर्षित करूँगी, जो मेरे मनचाहे व्यक्ति के बारे में मेरी भावनाओं, विश्वासों और अवचेतन मन पर छोड़ी छापों के अनुरूप होगा।"

अपने अवचेतन मन में बीज बोने की इस प्रक्रिया का अभ्यास करें। फिर आपको ऐसे व्यक्ति को आकर्षित करने की खुशी मिलेगी, जिसमें वही गुण और विशेषताएँ हों, जिन पर आपने मानसिक मनन किया था। अवचेतन बुद्धि एक रास्ता खोल देगी, जहाँ आप दोनों आपके अवचेतन मन के अकाट्य और अपरिवर्तनीय नियम के अनुसार मिलेंगे। आपके अंदर जितना प्रेम, निष्ठा और सहयोग है, उसका सर्वश्रेष्ठ देने की तीक्ष्ण इच्छा रखें। प्रेम के उपहार के प्रति ग्रहणशील बनें, जो आपने अपने अवचेतन मन को दिया है।

पुरुष और महिला के विवाह को प्रेम का कार्य होना चाहिए। सच्चाई, ईमानदारी, दयालुता और अखंडता प्रेम के प्रकार हैं। प्रत्येक को दूसरे के साथ पूरी तरह ईमानदार और सच्चा रहना चाहिए।

वह विवाह सच्चा नहीं होता, जब कोई पुरुष किसी महिला से उसके पैसे, सामाजिक ओहदे या अपने अहं को ऊपर उठाने के लिए विवाह करता है, क्योंकि वहाँ कोई ईमानदारी या सच्चाई नहीं होती। ऐसा विवाह दिल का नहीं होता। जब कोई महिला कहती है, "मैं नौकरी करते-करते थक चुकी हूँ। मैं तो शादी इसलिए करना चाहती हूँ, क्योंकि मैं सुरक्षा चाहती हूँ," तो उसकी बुनियाद झूठ पर टिकी है। वह मन के नियमों का सही तरीक़े से इस्तेमाल नहीं कर रही है। उसकी सुरक्षा चेतन व अवचेतन मन की आपसी क्रिया के उसके ज्ञान व अमल पर निर्भर करती है।

मिसाल के तौर पर, अगर कोई महिला इस पुस्तक के अध्यायों में बताई गई तकनीक पर अमल करती है, तो उसे कभी दौलत या सेहत का अभाव नहीं होगा। उसकी दौलत उसके पास उसके पति, पिता या किसी अन्य व्यक्ति से परे, स्वतंत्र रूप से आ सकती है। महिला स्वास्थ्य, शांति, खुशी, प्रेरणा, मार्गदर्शन, प्रेम, दौलत, सुरक्षा, प्रसन्नता या संसार की किसी भी चीज़ के लिए अपने पति पर निर्भर नहीं है। उसे सुरक्षा और मानसिक शांति अपने भीतर की आंतरिक शक्तियों के ज्ञान से मिलती है। उसे ये चीज़ें सृजनात्मक तरीक़े से अपने अवचेतन मन के नियमों के लगातार इस्तेमाल से मिलती हैं। ज़ाहिर है, पैसे के लिए या किसी से हिसाब बराबर करने के लिए शादी करना एक स्वांग है, एक नाटक है।

एक पुरुष और एक महिला को इस अर्थ में व्यक्तिपरक दृष्टि से एक होना चाहिए कि सच्चा प्रेम या एकत्व का अहसास प्रबल हो; दूसरे शब्दों में, दो हृदय प्रेम, स्वतंत्रता और सम्मान में एक हो जाएँ।

बहुत से लोगों ने मुझसे कहा है, "ओह, हम एक दूसरे से प्रेम करते हैं; हम विवाह करने की झंझट क्यों पालें?" इसका जवाब

असाधारण रूप से सरल है : हम अवचेतन रूप से जिसे सच महसूस करते और मानते हैं, वह हमेशा संसार के पर्दे पर वस्तु के रूप में नज़र आता है या प्रकट होता है। इसलिए यह तर्क झूठा और कपटपूर्ण है। मन का नियम है : "जैसा भीतर, वैसा बाहर।"

आइए किसी ऐसे पुरुष या महिला का प्रकरण लेते हैं, जिसने सचमुच ग़लती कर दी है। वह अब पाती है कि उसकी शादी एक ड्रग एडिक्ट के साथ हो गई है; वह काम-धंधा करने से इंकार करता है; पत्नी को उसे सहारा देना पड़ता है; पति निर्मम और क्रूर है। यह सच है कि महिला ने अपनी मानसिक अवस्था के कारण ऐसे पुरुष को आकर्षित किया, लेकिन वह अपनी खुद की मनोदशा या अज्ञान द्वारा बनाए गए दुख के संसार में जीने के लिए अभिशप्त नहीं है। अगर उसने सही तरीक़े से अपने अवचेतन मन का इस्तेमाल किया होता, तो यह नहीं हुआ होता। (मुझे यक़ीन है कि अगर आप गटर में गिर जाएँ, शायद केले के छिलके पर फिसलकर, तो खुद की निंदा करना और गटर में पड़े रहना मूर्खतापूर्ण होगा। करने के लिए स्पष्ट चीज़ यह है कि उठकर गटर से बाहर निकलें, खुद को धोएँ और आगे बढ़ जाएँ।) यहाँ जिस महिला का ज़िक्र किया गया था, उसने अपना सामान बाँधा और इस आदमी को छोड़ दिया। महिला को अहसास हो गया था कि स्थिति असहनीय है। निश्चित रूप से यह महिला उस आदमी के साथ रहने के लिए अभिशप्त नहीं थी, जब उनके दिल और दिमाग़ मीलों दूर थे। आप दो लोगों को एक रस्सी से इकट्ठे बाँध सकते हैं, लेकिन हो सकता है कि वे विचार, भावना और दृष्टिकोण में एक दूसरे से उत्तर व दक्षिणी ध्रुव जितने दूर हों।

जब आपका मन तथा दिल कहीं और होते हैं, तो आपका मानसिक तलाक़ हो जाता है। ऐसी परिस्थितियों में इकट्ठे रहना सभी कोणों से अस्त-व्यस्त या विनाशकारी होता है। विवाह दो दिलों का

संगम है; जहाँ दो दिल प्रेम और शांति में एक साथ बँधे न हों, वहाँ कोई विवाह नहीं है। व्यभिचार पहले दिल में घटित होता है। हृदय भावनाओं का स्थान है। यदि आप अपने जीवनसाथी के प्रति द्वेषपूर्ण हैं, उससे नफ़रत करते हैं और उसकी आलोचना करते हैं, तो आप पहले ही अपने दिल में व्यभिचार कर चुके हैं।

विनाशकारी और नकारात्मक मार्गों में अपनी मानसिक व भावनात्मक कार्य-प्रणालियों को दिशा देना व्यभिचार करना है। हमेशा याद रखें कि व्यभिचारी अवस्था पहले मन में घटित होती है। शारीरिक कार्य मानसिक अवस्थाओं का अनुसरण करते हैं; वे उनसे पहले नहीं आते हैं।

जब आप इन पन्नों को पढ़ रहे हैं, तो शायद आप कह रहे हैं, "मैं एक युवा दंपत्ति को जानता हूँ, जिनका हाल ही में विवाह हुआ था। उन दोनों ने मन के नियमों का इस्तेमाल किया; वे हर तरीक़े से पूरी तरह सुखी नज़र आ रहे थे। अब वे तलाक़ के बारे में सोच रहे हैं।" जिस मानसिक नज़रिये ने उन्हें एक दूसरे के प्रति आकर्षित किया और प्रिय बनाया था, विवाह क़ायम रखने के लिए उसे बनाए रखना चाहिए और मज़बूत बनाना चाहिए। यदि कोई मतभेद उत्पन्न होता है या हल्की बहस होती है और एक जीवनसाथी अपने मन में द्वेष या शत्रुता जैसे किसी नकारात्मक विचार को पाल लेता है, तो वह अपने मन में भूल के साथ एक हो रहा है और यह वैवाहिक खुशी के लिए विनाशकारी होता है।

विवाहित लोगों में जो छोटे-मोटे झगड़े और बहस होती हैं, उनसे चोट नहीं पहुँचेगी; यह तो सतत शिकायत या दुर्भावना होती है, जो नुक़सान करती है। जब कहे गए कठोर शब्दों को कुछ मिनट बाद भुला दिया जाता है और माफ़ कर दिया जाता है, तो कोई

नुक़्सान नहीं होता। ख़तरा तो तब होता है, जब आहत होने की भावना लंबी चलती है।

यदि कोई इंसान चिंता करना शुरू करता है और अपनी पत्नी द्वारा कही या की हुई चीज़ों के कारण उसके ख़िलाफ़ अस्वस्थ मानसिकता बना लेता है,, तो वह व्यभिचार कर रहा है, क्योंकि वह मानसिक रूप से कटुता में संलग्न है। यह मनोदशा विवाह को ख़तरे में डाल देगी, जब तक कि वह अपने जीवनसाथी को क्षमा नहीं कर देता और उसके प्रति प्रेम व सद्भाव संचारित नहीं करता। जो आदमी कटु और द्वेषपूर्ण है, उसे अपनी नुकीली टिप्पणियाँ निगलने दें; दूसरों का ध्यान रखने, दयालु और सभ्य होने के लिए उसे लंबी दूर तक जाने दें। वह कुशलता से मतभेदों से कन्नी काट सकता है। अभ्यास और मानसिक प्रयास से वह वैर भाव की आदत से बाहर निकल सकता है। फिर वह न सिर्फ़ अपनी पत्नी के साथ बेहतर संबंध बनाने में समर्थ होगा, बल्कि अपने कारोबारी सहयोगियों के साथ भी ज़्यादा अच्छे संबंध बनाएगा। सद्भाव की अवस्था को अपनाएँ; इससे अंततः आपको शांति और सद्भाव मिलेगा।

आइए हर बात पर टोका-टाकी करने वाली पत्नी के बारे में कुछ टिप्पणियाँ करते हैं। उसकी टोका-टाकी का एक कारण कई बार यह होता है कि उसे कोई ध्यान नहीं मिलता है; प्रायः यह प्रेम और स्नेह की चाहत होती है। यह उसे दें। इसके साथ ही एक तरह की टोका-टाकी करने वाले महिला वह भी होती है, जो चाहती है कि पुरुष उसके ख़ास साँचे के अनुरूप ढल जाए। यह किसी पुरुष से छुटकारा पाने का संसार का सबसे तीव्र उपाय है।

पत्नी और पति को कूड़े में भोजन ढूँढ़ने वाले जानवर जैसा नहीं होना चाहिए - उन्हें हमेशा एक दूसरे के छोटे-छोटे दोषों या

ग़लतियाँ खोजने में नहीं लगे रहना चाहिए। प्रत्येक दूसरे पर ध्यान दे और उसके सकारात्मक तथा अद्भुत गुणों की प्रशंसा करे।

पड़ोसियों और रिश्तेदारों के साथ अपनी वैवाहिक समस्याओं या मुश्किलों पर बातचीत करना एक भारी ग़लती है। मिसाल के तौर पर, मान लेते हैं कि एक पत्नी पड़ोसन से कहती है, "जॉन मुझे कभी कोई पैसा नहीं देता है, वह मेरी माँ के साथ बड़ा बुरा सलूक करता है, बहुत ज़्यादा पीता है और लगातार अपमानजनक बातें करता रहता है।" अब यह पत्नी अपने पति को सारे पड़ोसियों और रिश्तेदारों की नज़रों में नीचे गिरा रही है और छोटा बना रही है; वह अब उन्हें आदर्श पति नज़र नहीं आता।

कभी भी अपनी वैवाहिक समस्याएँ किसी प्रशिक्षित परामर्शदाता के सिवाय किसी को न बताएँ। लोगों को अपने विवाह के बारे में नकारात्मक सोचने की अनुमति क्यों देना? यही नहीं, जब आप अपने पति की इन कमियों पर बातचीत करती हैं और इन पर मनन करती हैं, तो आप दरअसल इन अवस्थाओं को अपने भीतर निर्मित कर रही हैं। इसे कौन सोच और महसूस कर रहा है? आप! जैसा आप सोचते और महसूस करते हैं, वैसे ही आप होते हैं।

रिश्तेदार आम तौर पर आपको हमेशा ग़लत सलाह देंगे; यह सलाह आम तौर पर पूर्वाग्रह से ग्रस्त व पक्षपातपूर्ण होती है, क्योंकि यह अवैयक्तिक रूप से नहीं दी जाती। स्वर्णिम नियम की अवहेलना करने वाली जो भी सलाह आप पाते हैं – जो ब्रह्मांड का नियम है – वह अच्छी या दमदार नहीं होती।

यह याद रखना अच्छा होता है कि स्वभाव के द्वंद्व, आहत होने के दौर और दबाव के बिना दो इंसान एक ही छत के नीचे कभी नहीं रह सकते। कभी भी अपने विवाह का दुखद पहलू अपने

मित्रों के सामने प्रदर्शित न करें। अपने झगड़े खुद तक रखें। अपने जीवनसाथी की आलोचना और निंदा से बचें।

यदि घर पर बच्चे हैं, तो पिता को उनकी माँ की तारीफ़ करनी चाहिए। उसे कई बार माँ के अच्छे गुणों तथा घर के सुखद पहलुओं की ओर ध्यान आकर्षित करना चाहिए।

किसी पति को यह कोशिश नहीं करनी चाहिए कि वह पत्नी को अपना दूसरा संस्करण बना ले। कई मायनों में बदलने की अकुशल कोशिश महिला की प्रकृति के लिहाज़ से बहुत बाहरी या विपरीत होते हैं; ये प्रयास हमेशा मूर्खतापूर्ण होते हैं; कई बार उन्हीं की वजह से विवाह टूट जाता है। उसे बदलने की ये कोशिशें उसके गर्व और आत्मसम्मान को नष्ट कर देती हैं और विरोध तथा द्वेष भाव जगा देती हैं, जो विवाह के बंधन के लिए घातक साबित होता है।

ज़ाहिर है, सामंजस्य की ज़रूरत होती है, लेकिन अगर आप अपने खुद के मन के भीतर अच्छी तरह देखें और अपने चरित्र व व्यवहार का अध्ययन करें, तो आप इतनी सारी कमियाँ पाएँगे कि वे आपको ज़िंदगी भर व्यस्त रखेंगी। अगर आप कहती हैं, "मैं उसे वैसा बना लूँगी, जैसा मैं चाहती हूँ," तो आप मुश्किल की तलाश कर रही हैं और तलाक़ की अदालत की ओर बढ़ रही हैं। आप दुख को न्योता दे रही हैं। आपको कठोर तरीक़े से सीखना होगा कि आपको अपने सिवा किसी को नहीं बदलना है।

यदि आपको कोई वैवाहिक समस्या है, तो खुद से पूछें कि आप क्या चाहते हैं; फिर अहसास करें कि आप उस लक्ष्य को हासिल कर सकते हैं। आप अपनी वैवाहिक समस्या को भी उसी तरह से सुलझाएँगे, जिस तरह किसी अन्य समस्या को। स्पष्ट रूप से व्यक्त करें कि आप क्या चाहते हैं; फिर अहसास करें कि मन जिसमें भी

संलग्न होता है, यह उसे उत्पन्न कर लेता है।

एक महिला ने एक बार मुझे बताया कि 30 साल बाद उसका पति बुरी तरह पीने लगा। उसने अपने घर तथा बच्चों को नज़रअंदाज़ कर दिया। वह अपने घर और हृदय में शांति व सद्भाव का दावा करने लगी। उस महिला ने परिस्थितियों या स्थितियों पर कोई ध्यान नहीं दिया। उसने शांतिपूर्वक अपना दिमाग़ अपने लक्ष्य पर केंद्रित रखा। वह जानती थी कि जिस पर वह ध्यान क़ायम रखेगी, उसका अवचेतन मन वही लाएगा और उसी को बढ़ाएगा। कुछ महीनों तक वह अपने सच्चे लक्ष्य के प्रति निष्ठावान रही। इसके बाद घर में सद्भाव और शांति एक बार फिर स्थापित हो गए। यह *अवचेतन मन के चमत्कारों* का एक उदाहरण है।

यदि यह महिला स्थिति से चिढ़ती और लड़ती, तो क्या होता? तब स्थिति और बुरी बन जाती। अगर घर में लड़ाई और कलह है, तो अपना ध्यान व्यक्तित्वों, परिवेशों और परिस्थितियों से दूर मोड़ें। अपना ध्यान अपने आदर्श लक्ष्य पर केंद्रित करें, जो प्रेम, शांति और सद्भाव है। जब आप अपने मन को इन विचारों की ख़ुराक देते हैं, तो अवचेतन मन प्रतिक्रिया करेगा और सद्भाव ले आएगा।

मुझसे अक्सर यह सवाल पूछा जाता है : "यदि एक जीवनसाथी में विवाह ख़त्म करने की प्रबल इच्छा है और दूसरे साथी में विवाह क़ायम रखने की उतनी ही प्रबल इच्छा है और वे दोनों ही ईमानदार हों, तो क्या होगा?" ऐसे मामलों में, एक मानसिक रस्साकशी होती है; यह घर अपने ही ख़िलाफ़ विभाजित होता है; देर-सबेर यह बिखर जाएगा। बहरहाल, उनके मानसिक नज़रिये की वजह से स्थिति लंबी खिंच सकती है।

इस मानसिक समस्या को सुलझाने का उचित और सही तरीक़ा

यह है कि विचार को व्यक्तित्वों और परिस्थितियों से ऊपर उठा लें, अपने विचार को अपनी सच्ची इच्छा पर केंद्रित करें और अपने भीतर की असीम प्रज्ञा पर विश्वास करें कि यह आदर्श समाधान ला देगी। अपने अवचेतन मन के नियम के सही इस्तेमाल के ज़रिये आप वहाँ सद्भाव ला सकते हैं, जहाँ मतभेद है; आप वहाँ शांति स्थापित कर सकते हैं, जहाँ दुविधा मौजूद है। यही नहीं, अवचेतन मन का सही इस्तेमाल किसी बुरे विवाह को ख़त्म भी कर सकता है।

मूर्खतापूर्ण अहंकार, क्रोध और बराबरी की इच्छा को कभी यह अवसर न दें कि यह आपको तलाक़ की अदालत में पहुँचा दे, जबकि इस दौरान आपका हृदय उसी जीवनसाथी के साथ हो, जिसे आप छोड़ रहे हैं। प्रेम, सद्भाव और दयालुता को उसकी राह दिखाने दें, जिसे आप अपने दिल में प्रेम करते हैं। अपने अवचेतन मन के सही इस्तेमाल और मार्गदर्शन के ज़रिये आप किसी भी समस्या का उपचार कर सकते हैं।

यदि आपने अपने भीतर की व्यक्तिपरक बुद्धिमत्ता से मिलने वाले अंतर्बोध या मार्गदर्शन को सुना होता, तो शायद आप वर्तमान विवाह करते ही नहीं। तब आपको मालूम नहीं था कि इसका इस्तेमाल कैसे करना है; लेकिन अब आप जान गए हैं। यदि आपको बुरी शुरुआत मिली है, तो आप इस अध्याय में बताई विधि और तकनीकों का इस्तेमाल करके इसे बदल सकते हैं। विचार और भावना में अपने साथी को ऊपर उठाएँ। जो प्रेमपूर्ण गुण आपको एक साथ लाए थे, उन्हें हमेशा सराहकर और ध्यान में रखकर आप अपने विवाह को हमेशा एक सुंदर अनुभव और साझी ख़ुशी बना सकते हैं।

अवचेतन मन और मार्गदर्शन

हाल ही में मैं एक कॉलेज की कक्षा को अवचेतन मन की कार्यविधियाँ समझा रहा था। अचानक एक विद्यार्थी ने बताया कि उसकी समस्या का समाधान उसे दाढ़ी बनाते समय मिला। इसका कारण यह था कि यह काम करते वक़्त वह तनावरहित था। तब अवचेतन मन की बुद्धिमत्ता और अन्तर्ज्ञान उसके सतही मन पर उभर आई।

यह आदमी कई दिनों से अपनी समस्या पर गहरी, चेतन चिंता कर रहा था। नीचे दिए गए निर्देशों का पालन करने पर उसे परिणाम मिल गए : जब वह रात को सोने वाला होता था, तो कहता था, "मैं यह आग्रह अपने ज़्यादा गहरे मन के हवाले कर रहा हूँ; मैं जानता हूँ कि इसके पास जवाब है और यह मुझे मिलेगा।"

पहले अध्याय में मैंने आपको बताया था कि अवचेतन मन आपको सात बजे सुबह जगा देगा, क्योंकि आप सोने जाने से पहले सात बजे जागने के बारे में ही सोच रहे थे। इसी तरह, अवचेतन मन ने इस आदमी के प्रकरण को लिया; इसके पास श्रेष्ठ बुद्धि होने की वजह से इसने तार्किक रूप से आदर्श जवाब खोज निकाला और

यह उसे दे दिया।

आप अक्सर देखेंगे कि जागने के तुरंत बाद जवाब आपके पास आ जाएगा, क्योंकि आप अब भी आधे सोए, आधे जागे हैं। उस वक़्त अवचेतन मन की बुद्धि का टापू मौजूद है।

आप जब किसी समस्या से परेशान होते हैं, तो क्या करते हैं? कई लोग समस्या के बारे में चिंता करते और खीजते हैं; इससे हालात ज़्यादा बिगड़ जाते हैं, क्योंकि हम अवचेतन मन पर जो छाप छोड़ते हैं, यह हमेशा उसी को कई गुना करता है।

कई लोग अवचेतन मन की तुलना किसी बैंक से करते हैं; आप लगातार इस शाश्वत बैंक में जमा कर रहे हैं। सुनिश्चित करें कि आप शांति, सद्भाव, आस्था और सामंजस्य के बीज जमा करें। ये हज़ार गुना बढ़ेंगे। फिर आप समृद्धि और अच्छे सौभाग्य की फ़सल काटेंगे। आप दिन और अपने परिवेश की समस्याओं पर खुद को कैसी प्रतिक्रिया करते पाते हैं? यदि आप क्रोध, कटुता, आलोचना और द्वेष से प्रतिक्रिया करते हैं, तो आप अपने मन के बैंक में इन्हें जमा कर रहे हैं। जब आपको शक्ति, आस्था और आत्मविश्वास की ज़रूरत पड़ेगी, तो आप उन्हें बाहर नहीं निकाल सकते, क्योंकि आपने अपने बैंक में इन गुणों को जमा किया ही नहीं था।

इसी समय खुशी, प्रेम, शांति और अच्छे हास्य को जमा करना शुरू करें; इन चीज़ों के साथ अपने मन को व्यस्त रखें; फिर अवचेतन बैंक आपको उन पर चक्रवृद्धि ब्याज देगा। यह आपको अपने सबसे बड़े सपनों से भी ज़्यादा देगा।

जब आपको कोई मुश्किल निर्णय लेना हो या जब आप अपनी समस्या का समाधान न देख पाएँ, तो इसके बारे में तुरंत सृजनात्मक तरीक़े से सोचना शुरू करें। यदि आप डरे हुए और चिंतित हैं, तो

आप दरअसल सोच नहीं रहे हैं। असल विचार तो उन पर मनन करने में निहित है, जो भी चीज़ें सच्ची, न्यायपूर्ण, ईमानदार, प्यारी और अच्छी हैं। सच्ची सोच डर से मुक्त होती है। आप डरे हुए रहते हैं, इसका असल कारण यह है कि आपके पास एक झूठी अवधारणा होती है या आप चीज़ों को एक ग़लत दृष्टिकोण से देख रहे हैं। शायद आपको यक़ीन है कि बाहरी चीज़ें, परिस्थितियाँ और स्थितियाँ आपको नियंत्रित करती हैं तथा वही आपकी समस्याओं या संपन्नता का कारण हैं। याद रखें, अपने परिवेश और परिस्थितियों पर आपका प्रभुत्व होता है।

यहाँ एक सरल तकनीक है, जिस पर आप अमल कर सकते हैं : मन को शांत कर लें, शरीर को स्थिर कर लें और इसे तनावरहित होने को कहें; इसे आपका आदेश मानना ही होगा। इसकी अपनी कोई इच्छाशक्ति, पहलशक्ति या बुद्धि नहीं होती; यह एक भावनात्मक डिस्क है, जो आपके विश्वासों और छापों को दर्ज करती है। अपने ध्यान को गतिहीन बना लें; अपने विचार अपनी समस्या के समाधान पर केंद्रित करें। अपने चेतन मन से इसे सुलझाने की कोशिश करें। सोचें कि आदर्श समाधान से आपको कितनी खुशी मिलेगी। यदि आपका मन भटकता है, तो इसे हौले से लौटा लें। इस उनींदी, निद्रालु अवस्था में धीरे से और सकारात्मक अंदाज़ में कहें, “अब जवाब मेरा है; मैं जानता हूँ कि मेरा अवचेतन मन जवाब जानता है।”

अब समाधान की मनोदशा या भावना में जिएँ। उस भावना का अनुभव करें, जो आदर्श जवाब आपके पास होने पर महसूस होती। अपने मन को आरामदेह तरीक़े से इस मनोदशा में खेलने दें; फिर नींद में लुढ़क जाएँ। आप उम्मीद से कहीं ज़्यादा जल्दी सो सकते हैं, लेकिन आप जवाब के बारे में सोच रहे थे; समय बर्बाद

नहीं हुआ था। जब आप जागते हैं, तब भी अगर आपको जवाब न मिले, तो कोई दूसरी चीज़ करने में व्यस्त हो जाएँ। जब आप किसी दूसरी चीज़ में व्यस्त होते हैं, शायद तभी जवाब आपके दिमाग़ में उस तरह आएगा, जिस तरह टोस्ट किसी टोस्टर में से उछलता है।

कभी भी अपनी समस्याओं के बारे में इस अंदाज़ में न सोचें : "चीज़ें ज़्यादा बुरी बनती जा रही है। मुझे कभी जवाब नहीं मिलेगा।" "मुझे बाहर निकलने का कोई रास्ता नहीं दिखता।" "यह निराशाजनक है।" आप नियम को उलट रहे हैं और उस अच्छे काम को बर्बाद कर रहे हैं, जो आपने किया है। जवाब के बारे में सोचने से अवचेतन की बुद्धि सक्रिय हो जाती है, जो सब कुछ जानती है, सब कुछ देखती है और जिसके पास उपलब्धि के लिए आवश्यक "सारी जानकारी" होती है।

अवचेतन मन में सृजन की शक्ति होती है; यह चेतन मन द्वारा इसे दिए आदेश भी मानता है। हमेशा यह सरल सच्चाई याद रखें : चेतन मन के पास चयन की शक्ति होती है; अवचेतन मन वही करता है, जो इससे करने को कहा जाता है। बाद वाला आपके विश्वासों और मान्यताओं को स्वीकार करता है तथा उन्हें आपके अनुभव में लाता है। यह एक असीम, सृजनात्मक शक्ति है।

कुछ समय पहले मुझे एक पत्रिका की कतरन मिली, जिसमें बताया गया था कि डॉ. बैंटिंग ने डाइबिटीज़ की अपनी समस्या कैसे सुलझाई। उन्होंने इस रोग का गहन अध्ययन किया था। एक रात वे सुबह के घंटों में जागे और उन्हें जवाब मिल गया। जवाब था कुत्तों के पैंक्रियाज़ या अग्न्याशय नलिका से तत्व खींचना। यह इन्सुलिन का उद्गम था, जिसने लाखों–करोड़ों लोगों की मदद की।

इसका यह मतलब नहीं है कि आपको हमेशा रातोंरात जवाब

मिल जाएगा। हो सकता है कि जवाब कई सप्ताह या महीनों तक न मिले। हताश न हों। सोने से पहले हर रात इसे अपने मन में घुमाते रहें, जैसा आपने पहले कभी न किया हो।

विलंब का एक कारण यह हो सकता है कि आप इसे बड़ी समस्या मानते हैं। हो सकता है आपको यह विश्वास हो कि इसे सुलझाने में लंबा समय लग जाएगा।

अवचेतन मन अजर और स्थान-मुक्त है। इस विश्वास के साथ सोने जाएँ कि आपके पास जवाब और समाधान इसी समय मौजूद है। भविष्य में जवाब की कल्पना न करें। परिणाम में स्थायी आस्था रखें। यह पुस्तक पढ़ते समय विश्वास कर लें कि आपके लिए एक जवाब है, आपके लिए एक आदर्श समाधान है।

यहाँ एक बहुत सरल तकनीक दी जा रही है, जिसका इस्तेमाल अति प्राचीन काल से अवचेतन मन से जवाब पाने के लिए किया जाता है : आप क्या चाहते हैं, इस बारे में शांति से सोचें, जैसे जवाब, सद्भावनापूर्ण समाधान या सही निर्णय। किसी आग्रह को सौंपने का सबसे अच्छा समय सोने से ठीक पहले का होता है। शरीर को तनावमुक्त कर लें; अपने मन के पहियों को बंद कर दें; खुद को सुझाव देते-देते सो जाएँ। आप उनींदा महसूस करेंगे, लेकिन आप अब भी चेतन रूप से जागरूक होंगे और अपने ध्यान को दिशा देने में समर्थ होंगे।

मिसाल के तौर पर, आपको पड़ोस में किसी शिशु के रोने की आवाज़ सुनाई दे सकती है या आप घर में किसी के चलने की आहट सुन सकते हैं। आप नींद जैसी स्थिति में हैं, जो जाग्रत और निद्रालु अवस्था के बीच की है। (नैन्सी स्कूल ऑफ़ थेराप्यूटिक्स इस अवस्था को दिवास्वप्न कहता है।) इस उनींदी, ध्यान अवस्था में आप

अवचेतन मन को प्रेरित करते हैं कि यह आपकी समस्या या आग्रह को स्वीकार कर ले। अवचेतन मन को यह हस्तांतरण ऊपर दी गई प्रक्रिया द्वारा सबसे अच्छी तरह संभव होता है। आप कोई विरोधी अनुमान नहीं लगाते हैं; आप किसी इच्छाशक्ति का इस्तेमाल नहीं करते हैं। आप तो बस अंत, समाधान और स्वतंत्रता की अवस्था की कल्पना करते हैं। इसे पूरे भोलेपन और सादगी के साथ करें। सरल, बच्चों जैसी, चमत्कार करने वाली आस्था रखें। समस्या के बिना खुद का चित्र देखें। इस प्रक्रिया से सारी लेटलतीफ़ी हटा दें।

सरल तरीक़ा सबसे अच्छा होता है। इसका उदाहरण देखें : मुझसे एक मूल्यवान अँगूठी खो गई। यह एक पारिवारिक निशानी थी। मैंने हर जगह इसकी तलाश की, लेकिन यह कहीं नहीं मिली। फिर मैं जो सिखाता हूँ, मैंने उसी का अभ्यास करने का निर्णय लिया! रात को मैंने अवचेतन मन से उसी तरह बातचीत की, जिस तरह किसी दूसरे से करता हूँ। मैंने सोने जाने से पहले इससे कहा : "तुम सारी चीज़ें जानते हो : तुम जानते हो कि वह अँगूठी कहाँ है और अब तुम मेरे सामने उजागर करते हो कि यह कहाँ है।" सुबह मैं अचानक जागा और मेरे कानों में ये शब्द गूँज रहे थे, "रॉबर्ट से पूछो!"

रॉबर्ट हमारा 14 वर्षीय नौकर है और मुझे यह बहुत अजीब लगा कि मुझे रॉबर्ट से क्यों पूछना चाहिए। लेकिन मैंने अन्तर्ज्ञान की आंतरिक आवाज़ का अनुसरण किया।

रॉबर्ट ने कहा, "ओह हाँ, यह मुझे घर के सामने वाले रास्ते पर मिली थी। यह मेरे ड्रॉअर में है। यह बहुत क़ीमती नहीं लग रही थी, इसलिए मैंने इस बारे में कुछ नहीं कहा!" अवचेतन मन हमेशा जवाब देगा, बशर्ते आप इस पर भरोसा करें।

हाल की एक कक्षा में एक युवक को यह अनुभव हुआ : उसके पिता का इंतकाल हो गया था और स्पष्ट रूप से उन्होंने कोई वसीयत नहीं छोड़ी थी। बहरहाल, इस आदमी की बहन ने उसे बताया कि उनके पिता ने उसे विश्वास में लेकर बताया था कि एक वसीयत पर हस्ताक्षर हुए थे, जो सभी के प्रति न्यायपूर्ण थी। वसीयत खोजने के सारे प्रयास नाकाम रहे। "अवचेतन मन के चमत्कार" पर कक्षा के दौरान इस युवक ने जो सुना था, उसने उस पर अमल किया। जब वह सोने गया, तो उसने कहा, "मैं अब यह आग्रह अवचेतन मन के हवाले करता हूँ; यह ठीक-ठीक जानता है कि वसीयत कहाँ है, यह मेरे सामने इसे प्रकट करता है"; फिर उसने अपने आग्रह को एक शब्द में भर दिया : "बताएँ," और बार-बार किसी लोरी की तरह उसे दोहराता रहा। उसने इसी एक शब्द के साथ ख़ुद को सुलाया।

इस विद्यार्थी को उस रात एक सपना आया, एक बहुत स्पष्ट, यथार्थवादी सपना, जिसमें उसने लॉस एंजेलिस के एक बैंक का नाम-पता देखा। वह वहाँ गया और उसे वहाँ उसके पिता के नाम का एक सेफ़-डिपॉज़िट लॉकर मिला, जिसने उसकी सारी समस्याएँ सुलझा दीं।

जब आप सोने जाते हैं, तो आपका विचार उस शक्तिशाली प्रसुप्त ताक़त को जगाता है, जो आपके भीतर है। मिसाल के तौर पर, आइए मान लेते हैं आप यह सोच रहे हैं कि अपना घर बेचें, कोई निश्चित शेयर ख़रीदें, किसी साझेदारी को तोड़ें, न्यू यॉर्क जाकर रहें या लॉस एंजेलिस में ही रहें, वर्तमान अनुबंध को ख़त्म करें या नया अनुबंध करें। ऐसे में यह करें : शांति से अपनी हत्थेदार कुर्सी पर बैठें या अपने ऑफ़िस की डेस्क पर बैठें; याद रखें कि क्रिया और प्रतिक्रिया का नियम शाश्वत है। क्रिया आपका विचार है। प्रतिक्रिया आपके अवचेतन मन का जवाब है। अवचेतन मन

प्रतिक्रियाशील और कर्त्ता है; यह इसकी प्रकृति है। यह लौटाता है, पुरस्कार देता है, बदला चुकाता है; यह अनुरूपता का नियम है। यह अनुरूप परिणाम देकर प्रतिक्रिया करता है।

जब आप सही क्रिया पर मनन करते हैं, तो आप स्वचालित रूप से अपने भीतर प्रतिक्रिया अनुभव करेंगे। अब आपने अवचेतन मन में निहित असीम प्रज्ञा का इस सीमा तक इस्तेमाल कर लिया है कि यह आपका इस्तेमाल करने लगती है; इसके बाद से आपकी क्रिया की दिशा आपके भीतर की व्यक्तिपरक बुद्धि द्वारा निर्देशित और नियंत्रित होती है, जो सर्व-बुद्धिमान और सर्व-शक्तिमान है। आपका निर्णय सही होगा; केवल सही क्रिया होगी, क्योंकि आप सही चीज़ करने के लिए व्यक्तिपरक रूप से बाध्य हैं। मैं बाध्यता शब्द का इस्तेमाल इसलिए करता हूँ, क्योंकि अवचेतन का नियम बाध्यकारी है।

हमारे अवचेतन विश्वास और मान्यताएँ हमारी सभी चेतन क्रियाओं को आदेशित और नियंत्रित करती हैं। मार्गदर्शन या सही क्रिया का रहस्य मानसिक रूप से खुद को सही जवाब के प्रति निष्ठावान रखना है, जब तक कि आपको अपने भीतर इसकी प्रतिक्रिया न मिले। प्रतिक्रिया एक भावना है, एक आंतरिक जागरूकता है, एक शक्तिशाली आंतरिक अनुभूति है, जिसके द्वारा आप जान जाते हैं कि आप जान गए हैं। आपने शक्ति का इस बिंदु तक इस्तेमाल किया है कि अब यह आपका इस्तेमाल शुरू कर देती है। जब आप अपने भीतर की व्यक्तिपरक बुद्धिमत्ता के निर्देशों के तहत काम न कर रहे हों, तो आप असफल नहीं हो सकते या एक भी ग़लत क़दम नहीं उठा सकते।

किसी बगीचे के बारे में सोचें; तब आप मन के दोतरफ़ा पहलू

को समझ लेंगे और उस व्यक्तिपरक नियम को भी, जिसके द्वारा यह काम करता है। चेतन मन बीज को ज़मीन में बो देता है। यह निर्णय लेता है कि किस तरह का बीज बोया जाएगा। जैसा आप जानते हैं कि मिट्टी किसी भी बोई हुई चीज़ को उगा देगी, चाहे यह अंगूर हो या काँटा।

इसी तरह, अवचेतन मन को मिट्टी की तरह देखें। इसमें वे सारे तत्व होते हैं, जो विकास के लिए आवश्यक और अनिवार्य हैं। एक बार फिर, हमें यह अहसास होना चाहिए कि उत्पन्न करना मिट्टी की प्रकृति है, लेकिन जैसा आप जानते हैं, इसकी इस बात में ज़रा भी रुचि नहीं होती कि यह क्या उत्पन्न करती है। इसे इस बात की परवाह नहीं है कि यह नाशपाती का पेड़ उत्पन्न करती है या सेव का। यदि मिट्टी ज़हरीले पौधों को उत्पन्न या पैदा करने से इंकार कर दे, तो यह प्रकृति के तमाम नियमों का उल्लंघन होगा।

ठीक यही बात अवचेतन मन के बारे में सच है; यह एक कर्त्ता है; यह कभी आपसे सवाल नहीं करता है; यह कभी पलटकर जवाब नहीं देता है। यह तो उसे स्वीकार करता है, जो भी आप इसमें जमा करते हैं और यह उसे आपके अनुभव में उत्पन्न कर देता है, चाहे यह अच्छा हो या बुरा। अपने अवचेतन मन का इस्तेमाल सृजनात्मक तरीक़े से, समझदारी से और विवेक से करना सीखें।

मैं इस अहम तथ्य पर ज़ोर देना चाहता हूँ : आप जिस विषय पर सबसे ज़्यादा सोचते हैं, उसके संदर्भ में आपको हमेशा मार्गदर्शन मिलेगा। अवचेतन मन अवैयक्तिक होता है और इंसानों में भेदभाव नहीं करता। उदाहरण के लिए, यदि आप सोचने लगते हैं कि आप बिना पकड़ में आए किसी ख़ास इमारत में आग कैसे लगा सकते हैं, तो आपको आग के बुरे और विनाशकारी उपयोग के विचार मिलने

लगेंगे। अवचेतन मन की शाश्वत ऊर्जा या शक्ति अपने आप में पूरी तरह हानिरहित है; बहरहाल, आप इसका इस्तेमाल सृजनात्मक या विनाशकारी किसी भी तरह के उद्देश्य से कर सकते हैं।

आइए परमाणु ऊर्जा को लेते हैं, जिसके बारे में हम इतना ज़्यादा पढ़ते हैं; यह पूरी तरह हानिरहित है। आप बहुत अच्छी तरह जानते हैं कि परमाणु ऊर्जा का ख़तरा इंसानों के मन में निहित होता है। परमाणु ऊर्जा का इस्तेमाल किसी घर को गर्मी या प्रकाश देने या हज़ारों लोगों की जान लेने के लिए किया जा सकता है।

आप मार्गदर्शन उसी अनुरूप पाते हैं, जिसके बारे में आप आदतन सोचते हैं। यदि आप डरों, मुश्किलों व असफलता के बारे में सोचते हैं और इन्हीं पर मनन करते हैं, तो आपका मार्गदर्शन ग़लत दिशा में होगा और आप अपने जीवन में ज़्यादा अव्यवस्था तथा दुविधा का अनुभव करेंगे।

इस महान विचार को लें और इस पर मनन करें : पूरी सृष्टि में डरने की कोई चीज़ नहीं है! आपमें अपने अवचेतन मन के समझदारीपूर्ण इस्तेमाल के ज़रिये नियंत्रण की शक्ति है। अभी शांति से बैठ जाएँ और किसी पहाड़ के शिखर पर एक सुंदर झील के बारे में सोचें; रात शांत, स्थिर है। झील की शांत सतह पर आप तारों, चाँद और शायद करीबी पेड़ों का प्रतिबिंब देखते हैं। यदि झील में उथल-पुथल हो, तो आप तारों या चाँद को नहीं देख पाएँगे। इसी तरह, अपने मन को शांत कर लें, तनावरहित हो जाएँ और ढीला छोड़ दें। शांति और स्थिरता के बारे में सोचें; फिर आपके मन का प्रतिबिंबित पानी जवाब को आपके प्रश्न की ओर ले आएगा!

लेखक के बारे में

जोसेफ़ मर्फ़ी का जन्म 20 मई 1898 को काउंटी ऑफ़ कॉर्क, आयरलैंड के एक छोटे कस्बे में हुआ था। उनके पिता डेनिस मर्फ़ी एक जेजुइट संस्था नैशनल स्कूल ऑफ़ आयरलैंड में कनिष्ठ पादरी और प्रोफ़ेसर थे। उनकी माँ एलन कॉनेली गृहिणी थीं, जिन्होंने बाद में एक और बेटे जॉन तथा बेटी कैथरीन को जन्म दिया।

जोसेफ़ की कठोर कैथोलिक परवरिश हुई। उनके पिता बहुत निष्ठावान थे और दरअसल बहुत कम सामान्य प्रोफ़ेसरों में से थे, जो जेजुइट धर्मावलंबियों को पढ़ाते थे। उनके पास कई विषयों का व्यापक ज्ञान था और उन्होंने अपने पुत्र में पढ़ने तथा सीखने की इच्छा जगाई।

उस वक़्त आयरलैंड आर्थिक मंदी से गुज़र रहा था और कई परिवार भूखे मर रहे थे। हालाँकि डेनिस मर्फ़ी के पास रोज़गार था, लेकिन उनकी आमदनी बस परिवार को पालने लायक़ ही थी।

जोसेफ़ को नैशनल स्कूल में दाख़िला मिला और वे एक प्रतिभाशाली विद्यार्थी थे। उन्हें पादरी बनने की शिक्षा ग्रहण करने के लिए प्रोत्साहित किया गया और वे एक जेजुइट धर्मसंस्था में अध्ययन करने लगे। बहरहाल, किशोरावस्था के अंतिम दौर में उनके मन में जेजुइट लोगों की कैथोलिक धर्मनिष्ठा पर सवाल उठने लगे और उन्होंने धर्मशिक्षण संस्था छोड़ दी। चूँकि उनका लक्ष्य नए विचारों का

अन्वेषण करना और नए अनुभव हासिल करना था - एक ऐसा लक्ष्य जो वे कैथोलिक वर्चस्व वाले आयरलैंड में पूरा नहीं कर सकते थे - इसलिए वे अपने परिवार को छोड़कर अमेरिका आ गए।

वे अपनी जेब में सिर्फ़ 5 डॉलर लेकर एलिस आइलैंड अप्रवासी केंद्र पहुँचे। उनका पहला लक्ष्य रहने के लिए जगह खोजना था। वे सौभाग्यशाली थे कि उन्हें एक औषधि विक्रेता के साथ एक कमरे में रहने का अवसर मिला, जो दवाओं की स्थानीय दुकान में काम करता था।

जोसेफ़ को अँग्रेजी बहुत कम आती थी, क्योंकि उनके घर और स्कूल दोनों जगह गैलिक भाषा ही बोली जाती थी। ज़्यादातर आइरिश अप्रवासियों की तरह ही जोसेफ़ भी दैनिक मज़दूरी के काम करते थे और इतना भर कमा पाते थे, ताकि अपना पेट भर सकें और मकान का किराया दे सकें।

वह और उनके रूममेट अच्छे मित्र बन गए। जब दवा की दुकान पर एक नौकरी निकली, जहाँ उनका मित्र काम करता था, तो जोसेफ़ को औषधि विक्रेता के सहयोगी के रूप में रख लिया गया। उन्होंने फ़ार्मेसी का अध्ययन करने के लिए तुरंत एक स्कूल में नाम लिखा लिया। उनके तीक्ष्ण मस्तिष्क और सीखने की इच्छा की वजह से इसमें ज़्यादा समय नहीं लगा, जब जोसेफ़ ने पात्रता परीक्षा उत्तीर्ण कर ली और पूरे औषधि विक्रेता बन गए। अब वे इतना पैसा कमाने लगे कि अपना अलग अपार्टमेंट किराए पर ले सकें। कुछ साल बाद उन्होंने दवा की दुकान ख़रीद ली और अगले कुछ वर्षों तक सफल कारोबार चलाया।

जब अमेरिका द्वितीय विश्व युद्ध में दाख़िल हुआ, तो जोसेफ़ सेना में भर्ती हो गए और उन्हें 88वें डिवीज़न के मेडिकल यूनिट

में फ़ार्मासिस्ट के रूप में काम दिया गया। उस वक़्त उन्होंने धर्म में अपनी दिलचस्पी को दोबारा जाग्रत किया और विभिन्न धर्मों का व्यापक अध्ययन शुरू कर दिया। सेना से मुक्त होने के बाद उन्होंने फ़ार्मेसी के अपने करियर को छोड़ने का निर्णय लिया। उन्होंने वृहद यात्राएँ की और अमेरिका तथा विदेशों के कई विश्वविद्यालयों में कोर्स किए।

जोसेफ़ विभिन्न एशियाई धर्मों पर मुग्ध हो गए और उनके बारे में गहराई से सीखने के लिए भारत आए। उन्होंने सारे प्रमुख धर्मों का शुरुआत से अध्ययन किया। इसके साथ ही उन्होंने प्राचीन समय से वर्तमान युग तक के महान दार्शनिकों का अध्ययन भी किया।

हालाँकि उन्होंने कुछ बहुत बुद्धिमान और दूरदर्शी प्रोफ़ेसरों के साथ भी अध्ययन किया, लेकिन जिस एक व्यक्ति ने जोसेफ़ को सबसे ज़्यादा प्रभावित किया, वे थे डॉ. थॉमस ट्रॉवर्ड, जो न्यायाधीश के अलावा दार्शनिक, डॉक्टर और प्रोफ़ेसर भी थे। डॉ. ट्रॉवर्ड जोसेफ़ के मार्गदर्शक बन गए। उनसे जोसेफ़ ने न सिर्फ़ दर्शन, धर्मशास्त्र और विधि का ज्ञान हासिल किया, बल्कि रहस्यवाद भी सीखा, ख़ास तौर पर मैसॉनिक ऑर्डर। वे इस ऑर्डर के सक्रिय सदस्य बन गए और आगे के बरसों में मैसॉनिक पंथ में स्कॉटिश राइट की 32वीं डिग्री तक पहुँच गए।

अमेरिका लौटने पर जोसेफ़ ने एक पादरी बनने और अपने व्यापक ज्ञान को जनता तक पहुँचाने का निर्णय लिया। चूँकि ईसाईयत की उनकी अवधारणा पारंपरिक नहीं थी और दरअसल अधिकतर ईसाई संप्रदायों के विपरीत थी, इसलिए उन्होंने लॉस एंजेलिस में अपना ख़ुद का चर्च स्थापित किया। शुरू में तो कुछ ही लोग आकर्षित हुए, लेकिन इसमें ज़्यादा समय नहीं लगा कि कई पादरियों

के "पाप और नरक" के प्रवचनों के विपरीत आशावाद तथा आशा के उनके संदेश ने बहुत से स्त्री-पुरुषों को उनके चर्च की ओर आकर्षित करना शुरू कर दिया।

डॉ. जोसेफ़ मर्फ़ी नव विचार आंदोलन के प्रवर्तक थे। यह आंदोलन कई दार्शनिकों और गहन चिंतकों ने 19वीं सदी के उत्तरार्ध और 20वीं सदी के प्रारंभ में विकसित किया था, जिन्होंने इस अद्भुत जगत का अध्ययन किया और जीवन को देखने के एक तरीक़े का प्रवचन दिया, लिखा और अभ्यास किया। हम जिस तरह से सोचते और जीते हैं, उसके प्रति एक अभौतिक, आध्यात्मिक और व्यावहारिक नीति को मिलाकर उन्होंने मनचाही चीज़ को हासिल करने का एक रहस्य खोजा।

नव विचार आंदोलन के प्रवर्तकों ने जीने का एक नया विचार सिखाया, जो नए तरीक़े और अधिक आदर्श परिणाम देता है। इसके अनुसार हममें अपने जीवन को समृद्ध बनाने के लिए इसका इस्तेमाल करने की शक्ति है। हम ये सारी चीज़ें तभी कर सकते हैं, जब हमें नियम मिल जाए और हम उस नियम को समझ लें, जिसे ईश्वर ने अतीत में पहेलियों में लिखा था।

ज़ाहिर है, डॉ. मर्फ़ी इस सकारात्मक संदेश को सिखाने वाले एकमात्र पादरी नहीं थे। द्वितीय विश्व युद्ध के बाद के दशकों में कई चर्च स्थापित और विकसित किए गए, जिनके पादरी और समुदाय के लोग नव विचार आंदोलन से प्रभावित थे। चर्च ऑफ़ रिलीजियस साइंस, द यूनिटी चर्च और ऐसे ही आराधना स्थल इससे मिलते-जुलते दर्शन सिखाते थे। डॉ. मर्फ़ी ने अपने संगठन का नाम द चर्च ऑफ़ डिवाइन साइंस रखा। वे अक्सर अपने जैसी सोच वाले सहकर्मियों के साथ मंच पर जाते थे और संयुक्त कार्यक्रम करते

थे तथा दूसरे स्त्री-पुरुषों को अपने चर्च में आने के लिए प्रशिक्षित करते थे।

बाद के वर्षों में कई चर्च के संस्थापकों ने उनके साथ मिलकर द फ़ेडरेशन ऑफ़ डिवाइन साइंस नामक संगठन बना लिया, जो सभी डिवाइन साइंस चर्चों के लिए छत्र के रूप में काम करता है। हर डिवाइन साइंस चर्च के लीडर अधिक शिक्षा पर ज़ोर देते थे। डॉ. मर्फ़ी सेंट लुई, मिसूरी में डिवाइन साइंस स्कूल की स्थापना का समर्थन करने वाले अगुआ थे, जो पादरियों और धर्मसमुदाय दोनों को शिक्षा प्रदान करता है व नए पादरियों को प्रशिक्षित करता है।

डिवाइन साइंस पादरियों की वार्षिक बैठक में सम्मिलित होना अनिवार्य था और डॉ. मर्फ़ी उसमें प्रमुख वक्ता रहते थे। वे प्रतिभागियों को अध्ययन करने और सीखते रहने के लिए प्रोत्साहित करते थे, ख़ास तौर पर अवचेतन मन के महत्त्व के बारे में।

अगले कुछ वर्षों में मर्फ़ी के स्थानीय चर्च ऑफ़ डिवाइन साइंस के सदस्यों की संख्या इतनी बढ़ गई कि इमारत छोटी पड़ने लगी। उन्होंने एक पूर्व मूवी थिएटर द विलशायर एबेल थिएटर को किराए पर लिया। उनके प्रवचन सुनने के लिए इतने ज़्यादा लोग आते थे कि यहाँ भी वे सारे लोग हमेशा नहीं समा पाते थे, जो सुनना चाहते थे। डॉ. मर्फ़ी और उनके स्टाफ़ द्वारा आयोजित कक्षाएँ उनकी रविवारीय पूजा के अतिरिक्त थीं, जिनमें 1,300 से 1,500 लोग आते थे। इसके अलावा सेमिनार और व्याख्यान अधिकतर दिनों और संध्याओं को होते थे। चर्च 1976 तक लॉस एंजेलिस के विलशायर एबेल थिएटर में बना रहा, जब यह लगूना हिल्स, कैलिफ़ोर्निया में एक सेवानिवृत्त समुदाय के पास एक नए ठिकाने पर चला गया।

संदेश सुनने के इच्छुक लोगों की भारी संख्या तक पहुँचने के

लिए डॉ. मर्फ़ी ने एक साप्ताहिक रेडियो टॉक शो बनाया, जो अंततः दस लाख से अधिक श्रोताओं तक पहुँचा।

उनके कई अनुयायी संक्षेप से ज़्यादा चाहते थे और उन्होंने डॉ. मर्फ़ी को सुझाव दिया कि वे अपने व्याख्यानों और रेडियो कार्यक्रमों को टेप करें। पहले तो वे ऐसा नहीं करना चाहते थे, लेकिन बाद में वे यह प्रयोग करने को सहमत हो गए। उनके रेडियो प्रोग्राम अतिरिक्त बड़ी 78 आरपीएम डिस्क पर रिकॉर्ड किए जाते थे, जो उस समय एक आम परंपरा थी। उन्होंने ऐसी ही एक डिस्क से छः कैसेट बनाकर उन्हें विलशायर एबेल थिएटर की लॉबी में सूचना मेज़ पर रख दिया। सारे कैसेट एक ही घंटे में बिक गए। इससे एक नया उपक्रम शुरू हो गया। बाइबल के शब्दों की व्याख्या, अपने श्रोताओं को मनन, ध्यान और प्रार्थना की सामग्री प्रदान देने वाले उनके व्याख्यानों के टेप न सिर्फ़ उनके चर्च द्वारा बेचे जाते थे, बल्कि दूसरे चर्चों, बुकस्टोर व डाक द्वारा भी उपलब्ध थे।

चर्च का विस्तार होने पर डॉ. मर्फ़ी ने पेशेवर और प्रशासकीय कर्मचारियों का स्टाफ़ रखा, ताकि कई योजनाओं में उनकी मदद ले सकें और अपनी शुरुआती पुस्तकों पर शोध करके उन्हें तैयार कर सकें। उनके स्टाफ़ की एक बहुत ही प्रभावी सदस्य उनकी प्रशासकीय सहयोगी डॉ. जीन राइट थीं। यह कामकाजी संबंध जल्द ही रोमांस में बदल गया और उनका विवाह हो गया – एक आजीवन साझेदारी, जिसने उन दोनों के जीवन को समृद्ध किया।

उस वक़्त (1950 के दशक में) आध्यात्मिक प्रेरणा वाली सामग्री के बड़े प्रकाशक बहुत कम थे। मर्फ़ी ने लॉस एंजेलिस इलाक़े के कुछ छोटे प्रकाशकों को खोजा और उनके साथ छोटी पुस्तकों की एक श्रृंखला निकाली (अक्सर 30 से 50 पेज की, जिन्हें पैंफ़लेट के

रूप में छापा गया था), जो अधिकतर चर्चों में 1.50 से 3 डॉलर में बिकती थीं। जब इन पुस्तकों की माँग इस सीमा तक बढ़ गई कि दूसरे और तीसरे रीप्रिंट की नौबत आई, तो महत्त्वपूर्ण प्रकाशक समझ गए कि ऐसी पुस्तकों का बाज़ार है और उन्होंने इन्हें अपने कैटलॉग में शामिल कर लिया।

डॉ. मर्फ़ी अपनी पुस्तकों, टेपों और रेडियो प्रसारणों की बदौलत लॉस एंजेलिस के बाहर भी मशहूर हो गए तथा उनके पास देश भर से व्याख्यान के आमंत्रण आने लगे। उन्होंने अपने व्याख्यान सिर्फ़ धार्मिक मसलों तक ही सीमित नहीं रखे, बल्कि जीवन के ऐतिहासिक मूल्यों, स्वस्थ जीवन की कला और महान दार्शनिकों की शिक्षाओं पर भी संदेश दिया – पाश्चात्य और पूर्वी संस्कृतियों दोनों के।

चूँकि डॉ. मर्फ़ी ने कभी गाड़ी चलाना नहीं सीखा था, इसलिए उन्हें यह व्यवस्था करनी थी कि कोई उन्हें उन जगहों पर ले जाएँ, जहाँ व्याख्यान देने का आमंत्रण उन्हें दिया जाता था और उनकी अति व्यस्त समय-सारणी की दूसरी जगहों पर भी ले जाए। उनकी प्रशासकीय सहयोगी और बाद में उनकी पत्नी के रूप में जीन का एक काम डॉ. मर्फ़ी के कामों की योजना बनाना, ट्रेन या फ़्लाइट की बुकिंग करना, हवाई अड्डे पर कार से लेना, होटल व्यवस्था करना और यात्रा के अन्य सारे विवरण तय करना था।

मर्फ़ी दंपत्ति संसार के कई देशों में अक्सर यात्रा करते थे। उनकी प्रिय कामकाजी छुट्टियाँ समुद्री पर्यटन जहाज़ों पर सेमिनार आयोजित करना था। ये यात्राएँ एक सप्ताह या इससे लंबी चलती थीं और उन्हें संसार के कई देशों में ले जाती थीं।

डॉ. मर्फ़ी की एक बहुत पुरस्कारदायक गतिविधि कई जेलों के कैदियों से बातचीत करना था। कई पूर्व-अपराधियों ने बरसों तक

उन्हें पत्र लिखे और बताया कि किस प्रकार उनके शब्दों ने उनके जीवन का कायाकल्प कर दिया और उन्हें आध्यात्मिक व सार्थक जीवन जीने के लिए प्रेरित किया।

उन्होंने अमेरिका के अलावा यूरोप व एशिया के कई देशों की यात्राएँ कीं। अपने व्याख्यानों में वे एक ईश्वर, "मैं हूँ," में विश्वास पर आधारित जीवन सिद्धांतों और अवचेतन मन की शक्ति को समझने के महत्त्व पर ज़ोर देते थे।

डॉ. मर्फ़ी की पैंफलेट के आकार की पुस्तकें इतनी लोकप्रिय थीं कि वे उन्हें अधिक विस्तृत और ज़्यादा लंबी पुस्तकों में बदलने लगे। उनकी पत्नी ने हमें उनके लिखने के तरीक़े के बारे में बताया है। उन्होंने बताया कि वे अपनी पांडुलिपियाँ एक तख़्ती पर लिखते थे और अपनी पेंसिल या पेन इतनी कसकर दबाते थे कि आप अगले पेज पर उसकी छाप से ही पूरा पेज पढ़ सकते थे। लिखते समय वे तंद्रा में नज़र आते थे। उनकी लेखन शैली उनके ऑफ़िस में चार से छह घंटे तक बिना विचलित हुए लिखने की थी, जब तक कि वे रुक नहीं जाते थे और कहते थे कि आज के लिए काफ़ी हो गया। हर दिन एक जैसा रहता था। उन्होंने जो शुरू किया था, उसे पूरा करने के लिए वे अगली सुबह से पहले कभी दोबारा ऑफ़िस नहीं जाते थे। जब वे काम करते थे, तब कोई भोजन या पेय नहीं लेते थे। वे अपने विचारों और पुस्तकों के विशाल संग्रह के साथ अकेले रहते थे, जिनसे वे समय-समय पर संदर्भ देखते थे। उनकी पत्नी उन्हें आगंतुकों और फ़ोन कॉल से बचाती थीं तथा चर्च व अन्य गतिविधियों को सुचारु रूप से चलाती रहती थीं।

डॉ. मर्फ़ी हमेशा उन मुद्दों पर चर्चा करने और उन बिंदुओं को समझाने के एक सरल तरीक़े की तलाश कर रहे थे, जो विस्तार

से बताएँ कि यह व्यक्ति को कैसे प्रभावित करता है। उन्होंने अपने कुछ व्याख्यान कैसेट, रिकॉर्ड या सीडी पर पेश करने का चुनाव किया, जब ये प्रौद्योगिकियाँ विकसित हुईं और ऑडियो के क्षेत्र में नए तरीक़े उभरे।

सीडी और कैसेट का उनका पूरा काम वे साधन हैं, जिनका इस्तेमाल अधिकतर समस्याओं के लिए किया जा सकता है, जो जीवन में इंसान के सामने आती हैं। इरादे के अनुसार लक्ष्य हासिल करने के ये तरीक़े समय के इम्तिहान में खरे उतरे हैं। उनकी बुनियादी विषयवस्तु यह है कि समस्या का समाधान इंसान के भीतर निहित है। बाहरी तत्व किसी की सोच नहीं बदल सकते। यानि, आपका मन आपका खुद का है। बेहतर जीवन जीने के लिए आपको बाहरी परिस्थितियों को नहीं, बल्कि अपने मन को बदलना होगा। आप अपनी खुद की तक़दीर बनाते हैं। परिवर्तन की शक्ति आपके मन में है और अपने अवचेतन मन का इस्तेमाल करके आप बेहतरी के ये परिवर्तन कर सकते हैं।

डॉ. मर्फ़ी ने 30 से अधिक पुस्तकें लिखी हैं। उनकी सबसे मशहूर पुस्तक द *पावर ऑफ़ यॉर सबकॉन्शस माइंड* 1963 में प्रकाशित हुई और तुरंत बेस्टसेलर बन गई। इसे सर्वश्रेष्ठ स्व-सहायता पुस्तकों में से एक क़रार दिया गया। इसकी लाखों प्रतियाँ बिक चुकी हैं और अब भी पूरे संसार में बिक रही हैं।

उनकी कुछ अन्य बेस्टसेलिंग पुस्तकों में शामिल थीं : *टेलीसाइकिक्स – द मैजिक पावर ऑफ़ परफ़ेक्ट लिविंग, द अमेज़िंग लॉज़ ऑफ़ कॉस्मिक माइंड, सीक्रेट्स ऑफ़ द आई-चिंग, द मिरेकल ऑफ़ माइंड डाइनैमिक्स, यॉर इनफ़िनिट पावर टु बी रिच* और *द कॉस्मिक पावर विदिन यू।*

डॉ. मर्फ़ी का देहांत दिसंबर 1981 में हो गया और इसके बाद उनकी पत्नी डॉ. जीन मर्फ़ी ने उनकी विरासत को जारी रखा। 1986 में उन्होंने एक व्याख्यान में अपने स्वर्गीय पति का उद्धरण देते हुए उनके दर्शन को दोहराया :

मैं पुरुषों और स्त्रियों को उनका दैवी उद्गम बताना चाहता हूँ और उनके भीतर मौजूद शक्तियों के बारे में भी। मैं यह जानकारी देना चाहता हूँ कि यह शक्ति उनके भीतर है और वे अपने खुद के सहायक हैं और अपनी मुक्ति हासिल करने में खुद सक्षम हैं। यही बाइबल का संदेश है और आज हमारी नब्बे प्रतिशत दुविधा इस कारण है, क्योंकि हमने बाइबल के जीवन बदलने वाले सत्यों की ग़लत, शाब्दिक व्याख्या कर ली है।

मैं बहुसंख्यक लोगों, सड़क के आदमी को, उस औरत को जो कर्तव्य के बोझ से दबी जा रही है और अपने गुणों तथा योग्यताओं को दमित कर रही है तक पहुँचना चाहता हूँ; मैं हर अवस्था या चेतना के स्तर पर मौजूद दूसरे लोगों की मदद करना चाहता हूँ, ताकि वे मन के चमत्कार सीखें।

उन्होंने अपने पति के बारे में कहा : वे व्यावहारिक संन्यासी थे, उनमें विद्वान की बौद्धिकता थी, सफल प्रबंधक का दिमाग़ था, कवि का हृदय था। उनका संदेश सार रूप में यह था : "आप सम्राट हैं, अपने संसार के शासक हैं, क्योंकि आप ईश्वर के साथ एक हैं।"